研究生心理健康及成才发展教育

主 编 赵立莹
副主编 周玉清 张小博

西安交通大学出版社
XI'AN JIAOTONG UNIVERSITY PRESS

国家一级出版社
全国百佳图书出版单位

图书在版编目(CIP)数据

研究生心理健康及成才发展教育 / 赵立莹主编. —西安：西安交通大学出版社,2021.12
ISBN 978-7-5605-6399-2

Ⅰ.①研… Ⅱ.①赵… Ⅲ.①研究生—心理健康—健康教育—教材 Ⅳ.①G444

中国版本图书馆 CIP 数据核字(2021)第 259094 号

书　　名	研究生心理健康及成才发展教育 YANJIUSHENG XINLI JIANKANG JI CHENGCAI FAZHAN JIAOYU
主　　编	赵立莹
策划编辑	王斌会
责任编辑	张　娟
责任校对	李嫣彧
封面设计	任加盟
出版发行	西安交通大学出版社 (西安市兴庆南路1号　邮政编码 710048)
网　　址	http://www.xjtupress.com
电　　话	(029)82668357　82667874(市场营销中心) (029)82668315(总编办)
传　　真	(029)82668280
印　　刷	西安五星印刷有限公司
开　　本	720mm×1000mm　1/16　印张 12.5　字数 185千字
版次印次	2021 年 12 月第 1 版　2021 年 12 月第 1 次印刷
书　　号	ISBN 978-7-5605-6399-2
定　　价	49.00 元

如发现印装质量问题,请与本社市场营销中心联系调换。
订购热线:(029)82665248　(029)82667874
投稿热线:(029)82668525

版权所有　侵权必究

前　言

大学是人类文化传承和知识创新的神圣殿堂。研究生是国家创新体系的动力源泉,承载着国家、社会和家庭的高期望。高校研究生的心理健康问题日益受到关注。目前的研究生心理建设体系并未完全解决科研、导学关系、就业等因素导致的研究生心理问题。研究生的心理问题直接影响研究生教育的质量。随着研究生规模的扩大,研究生心理健康及成才发展教育逐渐成为提高研究生培养质量的关键举措。对研究生心理危机进行积极干预,建立有效的心理育人体系成为新时代高校思政工作的重要内容之一。教育部2017年12月发布的《高校思想政治工作质量提升工程实施纲要》明确要求把心理育人纳入新时代高校思政工作"十大"育人体系,重点强调大力促进心理育人,要求把心理健康教育课程纳入学校整体教学计划,实现心理健康知识教育全覆盖。《高等学校学生心理健康教育指导纲要》提出要"充分发挥心理健康教育教师、心理咨询师、辅导员、班主任等育人主体的主导作用,强化家校育人合力"。

编写者结合研究生成才发展的现实需求和国家相关文件精神要求,从研究生心理健康教育、立德树人教育、成才发展教育、学术伦理教育等研究生培养质量提升及成才发展急需关注的四个问题出发,深入探讨研究生心理健康教育与研究生成才发展之间的关系。研究生心理健康教育应坚持以研究生为主体的原则,以提高研究生群体的心理素质为主要导向,依托"一套体系、二级组织、三项目标、四种力量、五类渠道",构建研究生心理健康教育多路径模式,培育具有健全人格的国之栋梁。研究生心理健康教育事关高校研究生人才培养质量与研究生个体发展水平。本教材基于对目前研究生心理健康教育目标模糊、育人队伍专业化不强、育人渠道尚不通畅等研究生心理健康教育现状的反思，根据个体心理发展的内在规律，确定研究生心理健康教育的理论指导、培养路径、实践反馈等基本维度，并以此建构高校研究生心理健康教育的合理框架，促进研究生心理健康教育的发展。

本教材不但包括前沿的学术观点，具有较强的理论性，而且有生动的典型案例，同时，附有心理健康测量工具。教材为研究生成长发展提供指导，为实施研究生心理健康教育，落实立德树人根本任务，进行研究生学术伦理道德及科研诚信教育提供参考和依据。本教材的目标读者群体包括研究生、研究生导师、研究生辅导员及参与研究生管理的教师。

本教材由西安建筑科技大学公共管理学院赵立莹教授担任主编，《学位与研究生教育》杂志社编审周玉清，中国社科院博爱院西安分院院长、资深心理咨询师张小博女士担任副主编，美国加州大学研究生高茵，陕西师范大学教育学院王桐博士，西安建筑科技大学研究生王晴、侯夏梦、王茜、董雨、刘雪宁、续丹、崔靖雯、徐梦佳、杨文璐、黄圆圆，西安电子科技大学夏颖博士参与了资料搜集、访谈及编写工作。

由于编者水平有限，不足之处在所难免，敬请各位读者批评指正。

编者

2021 年 8 月

目 录

第一章 研究生心理健康概论 ·· 2
第一节 研究生心理健康教育的功能 ···························· 2
第二节 影响研究生心理健康的因素 ···························· 7
第三节 研究生心理问题的主要表现 ···························· 10

第二章 研究生心理问题的成因及救助 ·························· 18
第一节 研究生心理问题的成因 ································· 18
第二节 研究生心理问题的救助 ································· 22

第三章 研究生心理健康教育的策略 ····························· 28
第一节 研究生心理健康教育有效策略探索 ················· 28
第二节 国外研究生心理健康教育策略探索 ················· 30
第三节 我国研究生心理健康教育策略探索 ················· 32

第四章 研究生立德树人教育的内容 ····························· 38
第一节 研究生立德树人教育目标体系 ························ 38
第二节 研究生理想信念教育 ···································· 44
第三节 研究生私德教育 ·· 46

第五章 研究生立德树人教育的主体 …… 52

第一节 学校在研究生立德树人教育中的功能发挥 …… 52
第二节 导师在研究生立德树人教育中的角色扮演 …… 58
第三节 研究生在立德树人教育中的责任担当 …… 62

第六章 研究生立德树人教育的策略 …… 68

第一节 课堂教学在研究生立德树人教育中的作用 …… 68
第二节 发挥校园文化建设在研究生立德树人教育中的作用 …… 69
第三节 建立健全研究生立德树人教育的科学评价机制 …… 70
第四节 发挥研究生主体作用,增强研究生德育的实效性 …… 74

第七章 构建和谐的导学关系 …… 78

第一节 导学关系在研究生成长中的作用 …… 78
第二节 导学关系异化的成因 …… 80
第三节 建立和谐导学关系的策略 …… 84

第八章 发展良好的人际关系 …… 90

第一节 人际关系在研究生成长中的作用 …… 90
第二节 人际交往障碍的表现及成因 …… 92
第三节 如何建立和发展良好的人际关系 …… 96

第九章 培养多元的兴趣爱好 …… 102

第一节 兴趣爱好在研究生成长发展中的作用 …… 102
第二节 研究生可以培养哪些兴趣爱好 …… 106
第三节 如何培养兴趣爱好 …… 108

第十章 研究生的学术理想与追求 …… 114

第一节 学术理想与追求在研究生成长中的作用 …… 114

第二节　培养研究生学术理想与追求的教育策略 ……………… 115

　　第三节　促进研究生成长的有利因素 …………………………… 121

第十一章　研究生的学术伦理道德与自律 ……………………… 130

　　第一节　学术道德是研究生道德的核心 ………………………… 130

　　第二节　学术道德失范的类型、出现的原因及危害 …………… 133

　　第三节　研究生学术道德教育策略 ……………………………… 139

第十二章　研究生学术论文写作 …………………………………… 148

　　第一节　学术论文写作的价值 …………………………………… 148

　　第二节　研究生论文写作中存在的问题 ………………………… 149

　　第三节　研究生学术论文写作能力提升的路径 ………………… 150

　　第四节　研究生学术论文写作能力提升的多元主体责任 ……… 155

参考文献 ……………………………………………………………… 158

附录　研究生心理测量工具 ………………………………………… 165

加强社会心理服务体系建设,培育自尊自信、理性平和、积极向上的社会心态。

——习近平

"国势之强由于人,人材之成出于学。"培养社会主义建设者和接班人,是我们党的教育方针,是我国各级各类学校的共同使命。

——习近平

第一章 研究生心理健康概论

心理问题制约研究生学术产出及成长发展,心理状态是影响研究生教育质量的核心因素之一。以心理健康教育、心理干预为主要内容的心理建设成为研究生教育质量保障体系的重要组成部分。随着全球研究生教育规模的扩大和研究生心理问题的频发,研究生心理问题逐渐引起社会广泛关注。2000年以来,许多国家和地区启动了研究生心理建设行动计划。高校建立了心理健康教育中心,定期举办针对学生的心理健康讲座,日常为学生提供心理健康咨询服务,并设有心理危机求助电话。尽管国家和校方一再为此努力,但仍有研究生正承受不同程度的心理压力。这些压力如果不能被及时疏导,就可能导致研究生产生焦虑和抑郁。寻求研究生心理建设的有效策略,成为当前研究生教育关注的焦点。

第一节 研究生心理健康教育的功能

研究生群体承载着家庭和社会的高期望,但以焦虑、抑郁等为主要特征的研究生心理问题像一股暗流,制约着研究生的成长发展,甚至威胁他们的生命安全。这些心理问题主要来源于科研、就业、经济、导学关系带来的压力。研究生的心理问题应该引起社会高度重视。探索有效的研究生心理健康教育手段,是目前提升研究生教育质量的关键举措。

一、研究生心理健康教育具有促进社会发展的功能

(一)研究生健康的心态有利于推动社会经济发展

在全球经济飞速发展的形势下,国际竞争的核心是人才的竞争。研究生教育为科技、文化等领域培养人才。研究生作为接受高等教育的群体,是科学研究、成果输出的主要力量,高校对其求真务实、相互协作精神和社会责任感的培养显得尤为重要。研究生群体的心态和抗压能力与其心理健康状况及心理健

康教育的效果密切相关。

(二)研究生健康的心态有利于文化传承和创新

文化多样性是人类文化深度交流的结果,是信息时代、开放时代不同文化相互学习、相互交融的重要体现。21世纪科学技术发展迅猛,加强国际国内交流是必不可少的学习方式。研究生有很多机会去参加本专业内的国际、国内学术活动,吸收研究新知识和掌握新锐观点。研究生群体拥有健康的心理状态有助于其更好地发挥文化自信,向外传播国家和民族的优秀文化,展现中华民族优秀文化的独特魅力,并汲取其他文化中的精华。

(三)研究生健康的心态有利于家庭和谐与幸福

著名教育家苏霍姆林斯基认为:家庭风气既是进行家庭教育的前提条件,它本身也是一种有效的教育方式。家庭氛围是由家庭中各种主客观因素综合形成的,其中主观因素起主导作用,家长的文化素养、行为习惯、生活态度、思想境界,以及性格气质等,会对家庭中的每一个成员产生无形的影响。当前研究生大都属于"90后",这一群体肩负着原生家庭与新生家庭融合的关键任务。一个心理健康、情绪稳定的研究生面对父母的期望以及新的家庭成员时会积极营造稳定和谐的家庭氛围,平衡两代人的亲子关系,帮助家庭成员树立面对困难的信心,使家庭成员的心理健康水平不断提高。

二、研究生心理健康教育具有辅助个体成长的功能

(一)良好的心理状况有利于提高研究生的社会适应能力

世界卫生组织为健康下了一个定义:良好的心理状态与社会适应力,以及健壮的体魄。[①] 由此可知适应社会的能力是研究生的基本能力。可以从两个方面了解个人的社会适应能力如何:一是外界对个人的综合评价;二是个人对自我的评价及个人行为表现。一个人自感不能适应社会,主要是因为心理压力过大而产生一系列生理及心理变化。心理压力是指人对外界的威胁、挑战等,经过主观评价之后,所产生的一系列生理及心理反应。自我评价是心理压力产生的主要因素。研究生群体需要承受学习、就业、恋爱及婚姻等多重压力。能否

---

① 夏新颜,杜智娟,赵辉. 大学生健康心理学[M]. 南京:南京大学出版社,2018:8.

做好个人心理压力调适以及建立正确的认知体系决定着研究生能否良好适应社会。

(二)良好的心理状况有利于促进研究生人格的健全

在心理学上,人格被定义为个体固定了的认知、情感、行为方式的总和。人格健全的人具有合理的自信心,不会在困难面前妄自菲薄,也有自我批判意识,能以平和的心态看待事实,以清醒的头脑来处理问题。健全的人格还包括个人在创新活动中所表现出来的大胆怀疑、勇敢批判及丰富的想象等富有创新精神的品格和利他主义人格。当前研究生群体生活在日新月异的环境中,有些研究生自身抗压能力弱、缺少应变能力,长期处于心理亚健康状态。美国哈佛大学心理学家加登纳提出,内省智力是人类智力的一种,它泛指个人认识、洞察和反省自我的能力,表现为能够正确地认识和评价自身的情绪、动机、欲望、个性意志,并在正确的自我意识和自我评价的基础上形成自尊、自律和自制的能力。培养研究生群体的自我觉察能力,不断提升其人格品质是心理健康教育的重要目标之一。

(三)良好的心理状况有利于研究生正确价值观的形成

人生价值是指人的生命及其实践活动对于社会和个人所具有的作用和意义。研究生群体积极的人生价值观的形成需要建立在良好的心理状况的基础之上。人本主义心理学认为:人类有一种天生的"自我实现"的动机,即一个人发展和成熟的趋力,它是一个人最大限度地实现自身各种潜能的趋向。一个有正确价值观的人,会认真对待自己的工作和学习,同时会关心社会以及环境,并有较高参与社会活动的意愿和自觉维护集体利益的意识,能肩负起某些社会责任。培养研究生群体积极的世界观、人生观和价值观可以促进其更好地全面发展,并合理规划人生发展轨迹。

三、研究生心理健康教育有利于积极因素的养成

研究生心理健康教育能够帮助个体发现存在的乐趣,构建可持续发展的社会契约,实现个体对人性的更深层次的理解。研究生心理健康教育的开展,对于研究生心理问题的消解具有重要作用。

(一)研究生心理健康教育有利于研究生积极情感的养成

具有积极情感的人通常具有较高的社会融合度,能够结识较多的朋友,参

与广泛的社会活动。研究生的积极情感首先是享受学习的酣畅感。研究生要能够全神贯注地投入到学习中去,能够不被学习的枯燥和学习中遇到的困难所阻碍、牵绊,拥有一股使不完的劲儿,能够始终坚持学习。这种酣畅感往往在一个周期结束之时会有更加真切的体验。其次是研究生的幸福感。心理学家通常以主观判断为标准来界定幸福,即认为幸福就是评价者根据自己的标准对其生活质量进行的综合评价。① 对研究生而言,幸福就是对自己的研究生生活整体满意,且这种感受能够持久存续。研究生的幸福感与个体对生活的期望、生活的环境,以及自身对心理力量的控制能力密切相关,这些因素可以影响诸多方面,如健康、收入、成就、婚姻等。例如,学业的成功不能直接等同于幸福,幸福感取决于研究生对学业达成水平的期望、周围人的学业水平,以及自己对学业实际水平的自我感受。学业成功只是通往幸福的一条路径,学业成功未必幸福,幸福也未必一定学业成功。再次是情绪的创造性。情绪的创造性体现的是一种精神,这种精神能够激发研究生思考生命的价值,形成自我对生命的体悟。这是一种积极与世界关联的态度,是一种活跃的情绪表达。情绪的创造性能够帮助研究生形成诸如专注、勤奋、坚毅等积极人格品质。

(二)研究生心理健康教育有利于研究生积极认知的养成

认知是人脑对实际的辩证反映。② 认知是有意识的,是个体对信息加工的过程,具有一定的独立性和创造性,认知能够设计新事物,指导行动去改造现实世界。乐观的态度和坚定的理想是影响积极认知的两大因素。研究生对生活本身的认知不同于本科生的稚嫩,也有别于社会人的深刻,但其面对的生活现实也是多元的、复杂的,在生活和学习中经常会遇到挫折和失败,因而乐观的态度和坚定的理想有助于研究生保持健康的心态。人类学家林耐尔·泰格认为乐观是一种情绪或态度,与对未来社会或物质生活的期望有关。研究生的乐观就是在面对学业的困境、感情的挫折、生活的艰辛时能够找寻积极的解释,即能够找到造成当前困境的暂时性、特定的、非人格化的原因,并能够在困境中发现改变困境的希望和出路。从本质上看,乐观是个人性格属性中的一部分,是一

---

① 刘翔平.当代积极心理学[M].北京:中国轻工业出版社,2010:16.
② 陈南荣.认知论[M].厦门:厦门大学出版社,2000:2.

种良好的心理反馈机制,在不同的个体身上有不同的表现。与乐观不同,理想是人们认为目标能实现的预期。对研究生而言,"有理想"首先就是认可研究生的经历是一段有价值、有意义的过程,即该过程是值得满怀信念与激情去体验、学习、感悟、升华、重塑和创造的一段重要生命历程。研究生必须明白勤勉和坚持是达到研究生培养目标的根本品质。没有被"蒸过""煮过""熬过",缺乏"愿力""意志力""专注力"的研究生,就难以蜕变为真正的研究者。总之,研究生要学会自我接受并适时地进行自我激励和重构,这种激励和重构能够在逆境中带给个体改变不利因素的灵感,使个体相信自己能够坚持下来并最终取得成功。

(三)研究生心理健康教育有利于研究生积极关系的养成

人既有生物属性,又有社会属性。现实中,每个人都受制于社会的控制体系,这种控制体系中的每个人都有固定的角色设定,只要条件允许,我们每个人都会竭尽全力地协调好与自己相关的社会关系,以便强化自己满意的行为。积极的关系表现为拥有爱的能力以及被爱的能力。爱作为一种积极的态度和情感,可以拉近彼此的距离,提升人们的幸福感,让我们的生活变得温暖与和谐。研究生面对的积极关系主要包括四种。一是积极的亲情关系。家庭是温馨的港湾,父母是孩子永久的依靠。和谐融洽的家庭关系能够让人产生安全感,有助于孩子建立良好的自尊心和自信心。二是积极的师生关系。师生关系是研究生阶段重要的人际关系。"一日为师,终身为父",研究生存在显著的师门认同感和归属感。三是积极的恋爱关系。恋爱是学生时代宝贵的情感经历,也是婚姻生活的开端。美好的爱情是一种优雅的情感,使双方收获幸福和成长。相恋双方已经成为彼此生活中的重要存在,双方相互鼓励,共同进步。四是积极的朋辈关系。良好的朋辈关系有助于研究生之间的沟通和交流。这样的沟通和交流有利于促进个体发展新的人格特点,培养善于交际的行为方式,即学会如何去帮助他人,怎样去学习,如何去竞争,理解什么是有修养的行为。

(四)研究生心理健康教育有利于研究生积极人格的养成

人格是一个人在日常活动中显现出来的典型特征。积极心理学对人格的研究是通过批判和反思普通心理学在人格研究中呈现出来的问题来展开的。积极心理学关注个体的积极人格特质,注重不同因素在人格生成过程中的交互影响,强调个体的潜能和优势在人格形成中的作用。关于人格研究,积极心理学构建了一个系统——人格优势的价值实践分类体系,总结、提炼出人类本性中的六大美德,即智慧、勇气、仁爱、正义、节制与超越,这六大美德又分别对应人的二十四种人格优势,这些具体的优势同时也是个体养成美德的方式和路径。研究生要正确认识这些美德和优势,明白它们并不是可望而不可即的,通过自己的努力,是完全可以习得养成的。研究生应该用发展性思维来审视自己的生活和学习,相信每一个个体都是独特的存在,积极培育良好性格,敢于面对困境,敢于向困境挑战,要有坚持不懈、敢冒风险的勇气和气魄,凡事躬身笃行、积极反思。同时,也要保持善良、谦虚、感恩、谨慎等优良的人性本色,自觉履行当代研究生的职责,做一个有益于社会、有益于国家的人。积极的人格能够帮助研究生更加乐观地面对生活中暂时的坎坷和不顺,帮助自我构建融洽的人际关系,进而收获更多的幸福。

第二节　影响研究生心理健康的因素

影响研究生心理健康的因素主要包括社会环境因素、自我因素、学业因素等。

一、社会环境因素

社会环境因素对研究生群体有着很大的影响。我国社会结构急剧转型,经济模式市场化、利益冲突多元化,加之研究生群体正处于求学、求职、恋爱、成家等人生的关键阶段,承受着来自各方面的压力。

(一)就业环境

如今,研究生就业竞争激烈,研究生群体就业成为社会关注的热点问题。招聘现场会出现研究生与本科生共同竞争一个岗位的现象。专业不对口也是当前研究生群体择业时的一大困惑。很多研究生想从事与自己所学专业相关的工作,但是往往由于各种原因很难实现。还有部分研究生在择业时心理预期值较高,但现实因素导致个人意愿无法实现,可能就会面临"高不成低不就"的困境。

缺乏系统完整的个人规划是很多研究生存在的问题。据了解,只有很小一部分研究生有非常明确的职业规划,有一部分有大致的个人规划,还有相当多的研究生表示"走一步,算一步"。

(二)恋爱及婚姻

研究生群体因为需要在学业方面投入很多的时间和精力,往往业余时间较少,加之对外交往的机会有限,这样无形中会影响到个人恋爱。即使有了恋爱对象,也可能会因为个人精力以及经济等原因而导致恋爱失败,令他们情绪消沉、沮丧。

(三)家庭因素

家庭经济情况会在一定程度上影响研究生的心态。家庭经济并不富裕的研究生,更要承受来自经济和家庭责任的巨大压力,在学习期间不能做到专心致志,如一些家庭较贫困的研究生会产生自卑、挫败、嫉妒等负面情绪。一些家境富裕的研究生可能会出现生活奢靡或攀比的情形。单亲家庭及被寄养在祖父母和外祖父母家庭的研究生较容易出现人际交往方面的缺陷等。

二、自我因素

研究生群体的心理状况除了受环境因素影响外,自我因素起着关键作用。其中人格特质及身体状况决定了一个人对生活、工作的认知,而认知一旦形成就会左右其行为。

(一)人格特质

在心理学上人格被定义为个体固定了的认知、情感、行为方式的总和。因为每个人的人格特质不一样,所以在成长的道路上也会有不同的表现。一些研究生的人格特质中有自恋、自负、依赖及完美主义倾向,这都属于人格缺陷,会影响生活和学习。比如有的研究生遇到一些学习及生活困难时会出现逃避心理,这就需要通过科学的方式逐步调整。

个别研究生在学术上缺少钻研精神,自制力不够又不肯吃苦,期望通过导师的帮助来完成应当个人完成的任务。最为常见的现象即在发表论文时对文章的整理、修改、加工等重要事情依赖编辑,不能按照编辑的要求对文本格式进行规范化处理,甚至出现大量错别字。

一些研究生并不是为了做学术而读研,他们有的是逃避暂时的就业与工作压力,有的是想通过读研取得一个学历,并没有了解到读研需要付出很大的努力,在进入学习研究阶段后遇到挫折就会产生后悔、怨天尤人等不良心理倾向。

(二)身体状况

研究生群体因为要投入大量的时间学习,容易久坐、长时间面对电脑,加之一些研究生没有体育锻炼的意识,所以学业加重后身体就会出现各种疾病,如颈椎病、高血压、心脑血管疾病等。身体状况和心理状况属于交互式关系,所以,当身体不适时要及时就医,以免引起心理不适。

三、学业因素

不同年级、不同学科的研究生心理状况存在差异,研究生每个阶段所要面临的情况都会不一样。在诸如毕业论文开题、答辩以及就业前等特殊时段,研究生群体的心理就可能出现较大的波动。此外,专业选择、科学研究等因素也会影响研究生群体的心理状况。

(一)专业选择

很多研究生在选择专业方向时盲目选择热门专业而忽视了自我能力及知识结构、性格等因素,在入学后发现个人兴趣与所学专业不匹配,从而产生无助感及失落感。

(二)科学研究

研究生刚进入实验室或刚接触科研会有很多疑问,所以需要请教师长及同学,有的研究生因为自身性格的原因不擅长与人交流、合作,或者独立性不够,就有可能导致心理问题。一些实验并不会按照个人付出的努力而产生相应的结果,在实验中意外情况随时都可能发生,这些都会给研究生个人带来不同程度的心理压力。

(三)人际关系

对研究生来说,处理师生关系、同学关系是一门需要学习的成长课程,其中导师对研究生有重要的作用。

近几年媒体报道了一些研究生因为与导师关系不和谐而引发悲剧的事件。研究生群体遭遇压迫、霸凌固然需要更多的关注和支持,但研究生个人也需要为自己的身心健康负责,可以通过学习心理学知识来了解自我心理状态,学会处理人际关系,更要有寻求专业心理帮助的意识。

(四)论文发表

论文是研究生学习阶段最为重要的成果之一。发表高质量论文是一件难度较大的事情,很多研究生因为论文发表失败而产生心理压力,如果不能及时调整,就有可能引发焦虑和抑郁。

(五)毕业

据调查这几年我国研究生的非正常毕业率有上升趋势。不能毕业就表明需要延期,有的研究生会因此出现各种心理问题。

第三节 研究生心理问题的主要表现

一、研究生常见心理问题审视

人是一种社会性动物,社会以一种人无法控制和常常意想不到的方式塑造着我们的身份、思想和情感。置身复杂、多变的时代洪流之中,我们被时代裹挟,常常感慨人的卑微和渺小,不知自己何去何从。研究生阶段正是人生承上启下的关键节点,面对的冲击可能更加强烈,容易引发心理问题。

(一)成果不足引发的自我否定

马斯洛认为人的需求是有层次的,低级层次的需求被满足后,高级层次的需求就会出现,并认为人的最高级需求是自我价值的实现。研究生阶段是学生时代的高阶时段,这一阶段的学习方式也有别于之前的学习阶段,更加强调学生的自主性、独立性和创新性。能够进入研究生阶段学习的人,大部分都具有良好的学习态度、全面的知识储备以及基本的学习技能,他们期望通过进一步深造,增长自己的专业知识,实现自己的人生价值。遗憾的是,理想和现实往往有一定的距离,研究生在求学过程中因成果不足引发了不少心理问题,诸如焦虑、情绪低落、过于自我否定等。究其原因,一方面是研究生的成果直接影响奖学金的评定及未来就业。当前,研究生的成果认定一般包括学术论文、著作、发明创造、参加各类活动获得的奖项等,其中学术论文在成果认定中尤为关键,但学术论文的发表往往又要经历非常缓慢、艰辛的过程,这让研究生在心理层面承受着巨大的压力。另一方面是学位授予的部分要求与科研的本质脱轨。部分高校将发表高数量和质量的科研学术论文列为学生毕业的刚性要求,这与科研成果产出的基本规律和研究生规模不断扩大的现实情况有一定出入,可能会给研究生带来心理负担。

(二)关系紧张造成的交往障碍

当在交往互动中自己的心理需求不能得到满足时,研究生就容易产生抑郁、焦虑等负面情绪,甚至产生较为严重的心理问题。师生关系是研究生面对的主要人际关系之一,师生关系不和谐对研究生的心理健康有很大影响。当前,我国的研究生管理实行的是导师负责制,这一制度让研究生导师有了较大的管理权限。当导师管理权限过大,却缺乏必要的监管和制衡机制时,就可能出现个别导师行为失范的问题,但总体来看,绝大部分导师还是能够做到为人师表、潜心育人的。师生关系紧张的原因是多方面的,既有导师的原因,也有学生自身的问题。一是"压榨式"管理给学生造成巨大的心理负担。个别导师给学生强行摊派科研任务,将学生视作自己的全日制员工,召之即来,挥之即去,缺乏对学生基本的尊重和关爱。鉴于导师的权威,大多学生都选择默默承受,这给学生的心理健康埋下诸多隐患。二是"放羊式"管理让学生无所适从。个别导师既不认真指导学生学业,也不关心学生生活,甚至在学生出现行为失当或者心理问题时也是听之任之,导致学生陷入迷茫之中。三是研究生自身的沟通技巧和能力不足。四是研究生当中不少人过度崇拜导师,甚至将导师神化,但导师的表现与他们的预期可能存在差异,这就有可能导致学生情绪失落、长期抑郁。另外,有些师生关系变得庸俗化,学生和导师的关系异化为老板与员工的关系,这对学生的成长成才是极为不利的。

(三)经济拮据产生的过度自卑

经济发达、物质丰富是现代社会的基本特征之一,可问题在于我们好像迈入了一个对物质生活过度沉迷的怪圈,并且这种不良风气已经蔓延至学生群体,也包括研究生。研究生穿戴名牌服饰、使用高档电子产品的比比皆是,有些研究生更是过一段时间就出去旅游一圈儿,俨然过着一种高品质的生活。研究生的经济来源主要是家庭支持、奖助学金、兼职收入,主要花销一般包括学费、生活费、人情费(请客吃饭、随份子等)。对家庭经济较好的研究生而言,一般不会因经济问题而引发心理问题,而对家庭条件不佳的研究生来说,经济问题会对个体心理产生较大影响。经济条件较差的研究生往往具有更强的独立性和责任感,他们不愿继续给父母增添经济负担,有的研究生通过努力学习争取奖助学金来纾解经济拮据的问题,有的研究生则选择通过社会兼职诸如家教、销售等缓解经济压力。适度的兼职是必要的、有益的,但过度的兼职不但会影响学习,还可能引发心理失衡,造成过度自卑,表现为攀比心过重、自尊心过强,有些研究生因此而荒废了学业,更有甚者走向违法犯罪的歧途。

(四)就业竞争带来的内心迷惘

在党和国家的高度重视下,我国高等教育取得了长足发展。2019年我国高考共录取考生700万人以上,录取率超过70%,如此高的录取比例,标志着我国高等教育已经由精英教育迈入普及化时代。从1999年到2019年二十年间,我国本科招生规模和硕士招生规模都增长了数倍,学历贬值已经成为全社会的普遍共识。不少学生表示想通过提升学历进而增强未来的就业竞争力,但是面对严峻的就业形势,许多研究生颇感焦虑和迷惘。学历贬值是诱发研究生心理焦虑的原因之一,但更本质的原因是研究生的培养质量有待进一步提高。一是研究生的课程体系与社会需求贴合度不高。研究生的部分专业教材更新缓慢,未能及时体现当下各学科发展的现实状况,再者,个别教师授课形式传统,课堂含金量较低,容易降低研究生学习的积极性。二是研究生的社会化程度较低。研究生由于社交圈局限,缺少与社会的深度融合,可能导致交际能力和抗挫能力不足。三是研究生缺乏科学的职业规划。部分研究生对自己未来的发展缺乏合理的规划,不能做到未雨绸缪,专业知识不扎实,专业能力不够,这就导致个人就业竞争优势不明显。

二、研究生心理问题的主要表现形式

(一)情绪表现

情绪,是人对客观事物的态度体验以及相应的行为反应,一般认为,情绪是以个体愿望和需要为中介的一种心理活动。

1. 情绪低落

情绪低落者经常面带愁容、表情痛苦,并常伴有精力不足及失眠症状,缺乏基本的社会交往意愿,愉快感缺失,自我评价过低,缺乏自信心,日常活动减少,有自责自罪倾向。

2. 双向情绪障碍

双向情绪障碍表现为情绪高涨与情绪低落交错出现。情绪波动大的人常常因为一些细小或无关紧要的事情而伤心落泪或兴奋激动,无法克制,他们很容易因为一些琐碎的事件而引起强烈的情绪反应,例如生气、激动、愤怒,甚至大发雷霆,持续时间一般比较短暂。

3. 惊恐

惊恐的情绪是指人遇到特定的场景,比如参加聚会,或看到某些特定事物,如看到剪刀和尖锐的物品时,产生紧张害怕的心情。症状出现时往往对现实环境表现出异常紧张和夸张的行为,并伴有身体反应,如出汗、颤抖等,若脱离某种引起心理不适的特定的环境或事物时,紧张的情绪和行为即可消失。

4. 强迫行为

有强迫倾向的人生活中经常会出现不由自主的强迫行为,如反复洗手、检查门窗、头脑中反复出现特定的场面或者想法等。一般有强迫性行为的人与完美主义人格会有所关联,会对自己或别人在某些做事标准上有过分严格的要求。

5. 适应障碍

社会心理学研究认为,人们在社会生活中,当遇到冲突或挫折时,往往通过认同作用、代替作用、投射作用、压抑作用和反向作用等,使个人良好适应社会。但也有部分人因为各种因素而出现严重的适应不良现象,我们称之为适应障碍。

适应障碍是指人们在遭遇一些重大的生活改变或应激性生活事件时出现的内心痛苦感受和情绪紊乱状态,会影响其生活和行为表现。重要考试失利、未能实现人生目标、投资失利以及生活发生重要转折等都属于可能引发适应性障碍的事件。

新冠疫情的发生对很多研究生的生活和学习就造成了很大影响:长期处在封闭的环境中上网课、实验室工作暂停、实验标本死亡、实验失败,导致自己的毕业作业完成不了……这些由于环境变化而出现的问题都有可能导致研究生出现适应障碍。

(二)研究生心理受损的行为表现

1. 依赖药物

一些研究生由于学习压力及饮食不规律而导致身体出现某些病症,如消化系统紊乱、长期的免疫功能低下等。当出现这些身体不适后,他们为了节约时间和减轻经济压力就有可能自行服药解决,久而久之就有可能对药物产生心理依赖。还有一部分人通过服用一些调节神经功能的药物来缓解焦虑的情绪。

2. 酗酒抽烟

当遭遇挫折时,为了缓解压力,有些研究生会采取聚众或独自喝酒、抽烟的形式发泄,以伤害自己的身体为代价而得到暂时的放松。

3. 沉迷幻想

有的研究生会沉迷幻想,以此来逃避现实的压力。无论是沉迷于过去还是幻想未来,对自己当下的现状都没有什么实际帮助。沉迷幻想只会耽误时间,无助于事情的推进和问题的解决。珍惜当下,把握现在,人生才不会充满遗憾。只有脚踏实地做事时,才在真正地进步着。胡思乱想可能会让人一时逃避现实的繁杂,但当时间被浪费以后,后果还是要自己去面对。

4. 攻击他人

个别人格有缺陷的研究生会通过语言、身体伤害的方式攻击别人来缓解自己的压力。这样的后果是人际关系更不和谐,甚至触犯法律。

5. 熬夜

除了为完成正常学习任务的熬夜外,一部分研究生通过熬夜的方式缓解内心的焦虑,这样只会导致身体机能下降,做事效率更低。

6. 自我伤害及自杀行为

近几年研究生自我伤害及自杀行为时有发生。自我伤害及自杀行为的发生因素复杂,涉及生物、心理、文化及环境因素。个体在情绪低落或者情绪极端波动的情况下,急于找寻一种快速化解的方式,即通过更为冒险的途径得到解脱,一旦动机形成后就会采取行动。

在生活中出现自我攻击和伤害的人一般会在第一次行动发生后,当同样的情绪和感受出现时,数次采取同样的伤害行为,而随着行为的不断重复,伤害的形式会越来越严重,甚至最终让自我攻击和伤害成为生活的常态。

（三）自杀的初期预警

想自杀的人可能会在自杀前数天、数星期或数月有以下症状：表示自己一事无成、没有希望或感到绝望；感到极度挫败、羞耻或内疚；曾经写出或说出想自杀；谈及"死亡""离开"及在不寻常情况下说再见；将至爱的物品送走；避开朋友或亲人，不想与人沟通或希望独处；性格发生很大变化；做出一些失去理性或怪异的行为；情绪反复不定，由沮丧或低落变得异常平静或开心。

三、心理问题及鉴别

（一）一般心理问题

一般心理问题的鉴定要素包括以下四条：第一，由于生活、工作压力等因素而产生内心冲突，并因此而体验到不良情绪，如厌烦、后悔、沮丧、自责等。第二，不良情绪不间断地持续一个月或间断地持续两个月，仍不能自行化解。第三，不良情绪反应仍在相当程度的理智控制下，始终能保持行为不失常态，基本维持正常的生活学习和社会交往，但效率有所下降。第四，自始至终，不良情绪的激发因素仅仅局限于最初事件，即使是与最初事件有关系的其他事件，也不会引起相似不良反应。

综上所述，一般心理问题是指由现实因素激发，持续时间较短，情绪反应能在理智的控制之下，不严重降低情绪控制能力，反应尚未泛化的心理不健康状态。

（二）严重心理问题

第一，引起严重心理问题的原因是较为强烈的对个体威胁较大的现实刺激，内心冲突是常态的，在不同的刺激作用下个体会体验到不同的痛苦情绪，如悔恨、冤屈、失落、愤怒、悲哀等。

第二，从产生痛苦情绪开始，痛苦情绪间断或不间断地持续两个月以上半年以下。

第三，遭受的刺激强度越大反应越强烈。大多数情况下会短暂失去理性控制，在后来的持续时间里痛苦可逐渐减弱，但是单纯依靠自然发展或非专业的干预却难以解脱，对生活学习和社会交往有一定程度的影响。

第四，痛苦情绪不但能被最初的刺激引起，且相类似、相关联的刺激也可以引起类似痛苦。严重心理问题有时伴有某一方面的人格缺陷。

(三)神经症

神经症是一种精神障碍,主要表现为持久的心理冲突,当事人能觉察到或体验到这种冲突,并因之而深感痛苦,且妨碍心理调适功能发挥作用,但没有任何可实证的器质性病变基础。

(四)其他精神障碍

其他精神障碍包括应激障碍、精神分裂及癔症等。

四、心理正常、异常及心理健康、不健康的鉴别

心理正常指的是具备正常功能的心理活动,或者说不包含精神障碍症状的心理活动。心理异常是有典型的精神障碍症状的心理活动。

心理健康与心理不健康两个概念都包含在正常这个概念之中。这种区分是符合实际的,因为心理不健康不一定代表有病,不健康和有病(异常)是两种性质的问题。在临床上鉴别心理正常和异常的标准与区分心理健康水平高低的标准也是截然不同的。

心有所信,方能行远。面向未来,走好新时代的长征路,我们更需要坚定理想信念、矢志拼搏奋斗。

——习近平

青年志存高远,就能激发奋进潜力,青春岁月就不会像无舵之舟漂泊不定。

——习近平

第二章　研究生心理问题的成因及救助

研究表明，我国有相当数量的年轻人处于亚健康的心理状态。研究生的心理健康问题主要是由于对环境不适应、自我认知不足和人际关系不融洽等所致。处于亚健康状态的研究生经常表现为行为动机不足，丧失主动学习和生活的积极性，自卑感强烈和负面情绪增多。如何防止研究生出现心理问题正引起心理学界、教育界和医学界的广泛关注。

若研究生出现心理问题后没有及时得到关注，就可能酿成悲剧。研究生心理问题，不仅给学生本人带来沉重负担，阻碍他们的健康成长，甚至让他们付出生命的代价，同时也会给国家、学校、家庭造成不同程度的影响。

第一节　研究生心理问题的成因

近些年，因心理问题而导致的研究生行为偏差，及其带来的不良影响，已经引起社会各方面的关注。为此，高校正在采取各种措施来建立和完善研究生心理健康教育工作机制，将培养治学严谨、身心健康的高质量研究生人才作为重要目标。针对研究生因心理问题而出现的行为偏差，相关研究者从研究生面临的各种压力、自身问题与外部环境等方面，深入剖析了研究生心理问题的成因。

一、研究生面临的各种压力

（一）学业压力

研究生心理问题常常与研究生的学业压力较大有关。

研究生阶段的学习和本科生有很大的不同。首先，学习方法会有很大不同，由识记性和理解性的学习方式向研究性学习方式转型，考核方式由"作业加考试"变为提交解决实际问题的报告，学习强度和创新要求远远高于本科生。其次，与本科课程相比，研究生的课程内容在难度和深度上都有明显的变化。如数学课，学生不仅需要学懂，还要利用所学知识解决实际问题。再次，很多知识和研究工具使用完全靠自己独立学习,需要自己去阅读文献,自行学会使用各种研究工具。最后,学习已经由原来的班级环境变为实验室环境,由同一起跑线的同学变为领先自己好多步的师兄师姐。一些学生对研究生阶段的学习没有具体的目标和计划,很容易在这些明显的变化下,产生心理压力。

(二)科研压力

研究生在进入实验室之后,导师会与其确定研究方向和参与的科研项目。这个阶段的压力主要有三个方面:一是对角色转换的不适应,由听课的学生转换为科研人员,对自己的能力产生怀疑,缺乏足够的自信,做事情往往无从下手;二是导师指定的研究方向和项目自己不太感兴趣,带着抵触情绪去完成;三是做科研找不到方法,导致科研工作无法正常进行。这些情况在研究项目进行的早期阶段体现得比较明显。步入下一阶段,对实验室环境已经熟悉,科研工作已有序进行,但突然遇到一时难以解决的难题,或者所提交的研究成果不能满足项目或导师的要求时,也可能会出现明显的焦虑。

(三)学位论文写作和毕业答辩压力

学位论文写作压力一般出现在两个阶段:一是论文撰写阶段,在对论文整体和深度没有清晰把握的情况下,担心自己撰写的论文不能达到学位论文的撰写要求;二是论文盲审阶段,担心论文不能顺利通过评审。确实有部分学生由于平时积累和钻研不够,论文质量不高,在论文盲审阶段压力明显增大。学生在毕业答辩环节的压力主要是担心自己不能清楚回答评审老师的提问而获得较低分数,影响毕业。

(四)人际关系压力

首先,在研究生阶段,最基本最重要的人际关系是导师与学生的关系,导学关系直接影响,甚至决定着学生研究生阶段的学习成果。导师不仅对学生在科研以及学习上予以指导,同时还将对其个人生活、为人处世等方面产生深远的影响。导师对研究生的管理模式也会对学生产生重要的影响。只询问结果而忽略过程的粗放式管理、缺乏沟通与指导的放任式管理、责备求全的严厉式管理等,都不利于研究生的健康成长。当研究生意识到无法达到导师的要求或自身的期望时,可能产生逃避心理。面对强烈的自我意识和逃避现实的动机,当自我与标准之间差异巨大时,研究生就可能产生极端想法。总之导师的学识、品德、指导方式等都会对研究生的心理健康产生深远影响。

其次,部分研究生与父母的沟通较少。由于在外求学,远离父母,缺少了面对面的交流,在遇到自己不能轻松处理的问题时,有的学生往往会由于焦虑或不安的心理,在父母面前任性和发脾气。特别在与父母的观点意见不一致时,更容易与最疼爱自己的父母发生冲突,这些无疑会对他们的心理健康产生一定的负面影响。

再次,部分研究生只与同寝室的、同一研究团队的同学熟悉,缺乏与外界的沟通,缺乏与其他同学的交往,交际圈子小,知心朋友少,导致不合群、合作意识和团队意识较差等不良情形。在网络社交媒体发达的时代,交流看似变得更加容易,但是这种依靠互联网聊天的方法缩短了人们与周围人面对面交流的时间,反而使现实中的人际关系更加冷漠。部分学生遇到问题时,不是向现实生活中的亲友求助,而是向虚拟网络上的陌生人寻求帮助,当得不到自己需要的帮助时,就可能产生心理压力。

(五)就业压力

就业压力基本上是每一个待毕业的研究生都能体会到的压力。每到毕业之时,学生们马不停蹄地参加各类招聘会,投递简历、参加笔试和面试、等待接收单位录用通知,内心需要承受很多煎熬。部分研究生对自我认识不足,眼高手低,认为自己拥有高学历,不仅对薪资有较高要求,而且看重工作环境,不愿到一线车间和基层去锻炼,把大量时间花在面试和等待上,这也增加了他们的焦虑情绪和心理压力。不过就业压力最大的还是平时积累不够、简历单薄的学生,他们很难找到合适的工作单位,其心理压力之大可想而知。

(六)经济压力

国家为完善研究生教育投入机制,确定了研究生教育收费制度改革,学生需要缴纳全部学费,但可以通过努力学习和所获科研成果申请奖学金。随着国家经济的发展和物质生活水平的提高,以及人们消费习惯的改变,研究生的生活成本也在持续上升。对于研究生来说,除了要负担学费、住宿、课业等开支外,还要负担个人其他消费需求产生的必要开支,比如饮食、服装、人际交往、恋爱、娱乐休闲等。虽然奖助学金在某种程度上可以满足学费和生活费等必要开支,但还有很多同学因资助名额有限或个人原因导致支出较大,入不敷出,面临不同程度的经济压力。

二、自身问题与外部环境

除了各种压力导致的心理问题之外,学生自我心理调适能力欠缺、学校缺乏有效的处理机制、外界对研究生的期望过高等原因也是研究生心理问题产生的重要原因。

（一）学生自我心理调适能力欠缺

目前大部分研究生是应届生考入,没有工作经验,缺乏社会经验和人生阅历,在遇到压力和心理问题时,往往不能通过从自身寻找原因来进行调整,而是习惯向以前的朋友倾诉,很少会主动向学校心理健康咨询机构或自己的导师寻求帮助。当自己的学业进展不顺利时,看到身边的同学取得较好的科研成果,特别是昔日学习成绩不如自己的同学科研开展很顺利时,部分学生可能会产生嫉妒、失落、惆怅等心理,导致自我压力无限增加,而渴望证明自己、过分自我激励的心态又会进一步导致焦虑、迷茫和失落等不良情绪。压力如果没有得到正确引导和宣泄,很容易使研究生丧失信心,甚至产生悲观和抵触情绪。在许多情况下,以前的朋友可能无法提供良好的建议和安慰,甚至可能给出毫无根据和误导性的建议,致使研究生的心理问题很难得到合理、有效解决,甚至使情况变得更加复杂。

（二）学校缺乏有效的处理机制

研究生的数量相对本科生较少,且年龄比本科生大,生活阅历较本科生更丰富,出现心理健康问题的概率也较低,因此,大部分高校并没有设立相应的研究生心理健康管理部门,也没有对研究生心理健康问题足够重视,更缺乏规范的制度和行之有效的处理机制。大部分高校缺乏针对研究生的心理健康咨询机构和专门的师资队伍,在平时的学习中,对研究生的日常管理也较为宽松,有些高校甚至由兼职教师或博士生负责研究生管理工作,因此当研究生出现心理健康问题时,很难及时有效地予以消解。

（三）外界对研究生的期望过高

在我国现行的高等教育体制下,研究生属于高层次受教育人员,是很多家庭引以为傲的"天之骄子",研究生个人和家庭对研究生的学习和今后的工作都抱有较高的期望，人们也普遍认为研究生具有较高的处理问题和解决问题的能力。但总有一些研究生在现实中遇到挫折时，很难做到面对现实，重新定位自己。因此社会和家庭对研究生的高期望亦成为研究生的压力来源。

第二节 研究生心理问题的救助

研究生心理问题主要是由实际环境所致，因此需要深入研究生的学习、生活各方面，清楚掌握学生的真实需求和心理特征，构建融洽的导学关系、和谐的培养环境，开展系统性指导和规划，坦诚沟通，帮助学生增强心理调适能力，促进其身心健康成长。

学校和导师要做好整体规划，把握每一个环节，为研究生提供全面的指导和帮助，缓解研究生在科研和学业方面的压力，增加研究生学习和科研的热情。

高校要把心理健康教育贯穿整个研究生培养过程，使研究生在提升科研水平的同时提高心理健康水平。研究生更要关注自身心理健康状况，敢于面对、解决自身存在的心理问题。只有心理处于最佳状态，研究生各方面的素质才可能得到充分的发展，才能成为国家的栋梁之材。

一、导师的引导

导师是研究生培养的第一责任人，肩负着培养高层次创新人才的崇高使命，应在各个阶段做好对学生的引导。

（一）双选环节

第一，需要充分了解学生的基本信息，包括专业背景、个人特点等，掌握学生"为什么要读研""读研后想在哪些方面有所发展"等读研目的。第二，应该详细地向学生介绍课题组的科研方向、实验室的特点及要求、毕业师兄师姐的就业去向等。第三，建议学生到实验室与在读研究生就自身关心的问题进行交流。第四，等学生决定进入实验室时，再与学生充分交流，包括进入实验室需要补充的知识和提升的能力。这样就在第一环节，让学生对导师、对研究方向、对实验室的特点有了初步认识，对自己需要在哪些方面加强学习有了较为清晰的认知。

(二) 入学阶段

入学阶段是研究生成长发展的关键阶段。一般情况下,学生对自己有很高的期望,也有自己的想法。同时,亦需要适应实验室的环境、研究生生活等。他们脑海里有一连串的问题:如何写论文、如何做项目、将来能找到什么样的工作等。

在研究生入学初期,导师需要结合学生的特点,与其商量将来的科研方向,认真讨论制订培养计划,让学生明白需要学习哪些知识,学习这些知识有哪些用处。在入学两个月内,建议找时间与学生深入交流,真正了解其兴趣所在、成长背景,以及对未来发展的期望,正式为他们规划研究生阶段的学习、生活,商量落实具体的论文方向和科研项目,开始指导学生怎样查阅文献、怎样使用学习工具,创造机会带领他们参加项目报告会,让他们对科研、对企业有直观认识。

(三) 适应阶段

经过一段的适应期,研究生对自己所学的专业更加了解,已经逐渐适应角色的转换。此时,需要细化学生的整体培养计划,确定更加详细的目标,让学生明白需要补充哪些专业知识,掌握哪些技能,这些知识和技能的学习和掌握,能提升自己哪方面的能力,能满足用人单位的哪些需求。通过一些小目标的逐步实现,学生能更清晰地了解自己在哪些方面有所成长。这些举措可以让学生认识到自己的价值所在,消除他们的学业压力,消解他们对科研和就业的困惑。

(四) 成长阶段

第一,巩固学生的自信心。研究生结束第一年的课程学习之后,准备进入开题环节。此时,学生已融入实验室生活,对科研开始产生兴趣。在开题准备期间,建议在选题、研究内容、研究方法选择等方面跟学生多交流讨论,让学生真正清楚具体要做什么,怎么做,需要得到什么结果,让其相信自己有能力完成科研工作和论文写作。第二,提升学生的书写表达和总结能力。鼓励并与他们一起编写项目报告、汇报文件和高水平的论文,从规范、格式、逻辑、深度、难度等各方面锻炼学生。第三,鼓励学生在项目中创新,尝试新方法的应用,解决项目中的实际问题,让他们切实感受到自己的能力在逐步提高。第四,让学生有更多机会接触企业,与企业工作人员交流,了解企业对项目的需求、对人才和能力的需求。这些措施可使学生树立科研信心,并对用人单位有初步了解。

(五)论文写作、毕业答辩阶段

学位论文写作和毕业答辩是学生比较关心的问题,因为这是他们第一次系统地撰写有一定深度的著作,第一次要完整地把自己的学习成果呈现在答辩老师面前。首先,在之前的基础上,与学生详细分析和总结已经完成的研究内容,根据开题报告和学位论文撰写要求,安排大论文的撰写计划,并且讨论论文的逻辑框架、章节内容、理论方法、结果分析等,并对学生提交的论文反复修改,叮嘱学生对论文中的每一个字都要负责,培养他们严谨的学术态度。其次,在答辩准备阶段,反复演练和提问,让学生有足够的信心去展示自己。

总之,导师要关注学生的整个培养过程。第一,要尊重学生、关爱学生,坦诚相待、勤于沟通,努力缩小师生间的心理距离,先做好学生生活中的朋友和导师。第二,帮助学生规划研究生生涯,并与学生一起提升能力。第三,做到有始有终,关注学生目标实现的整个过程,关注学生成长的每一个细节。

二、社会关注

社会层面的关注也是缓解研究生心理压力的有效保障。我国正处在社会转型时期,研究生群体不仅经历着文化、思想、经济方面的变化,还面临来自学业、就业、人际交往等方面的压力。社会应以公正、客观的态度看待这一群体,要客观看待研究生扮演的不同角色、承受的各种压力以及由此而产生的心理问题,给予他们更多包容、理解。同时,加强心理咨询专业的行业规范,推动行业的专业化发展,普及心理健康教育,让更多社会成员具备心理健康教育方面的知识和能力,能科学进行自助和他助。

三、家庭支持

家庭中的每个成员都承担着一定的家庭责任,研究生也不例外。不管是作为父母还是子女,都是家庭的重要组成部分,肩负相应的家庭责任和期望。但现实中确实存在这样一些家庭,他们把家庭经济条件、社会地位提升等太多期望寄托在研究生身上,使其角色被人为地功利化和实利化。这些过高的期望导致研究生心理压力增加。因此,家庭应尊重研究生的个人兴趣、爱好等心理需求和自身发展要求,鼓励其选择适合自己的人生道路。

四、学校干预

针对研究生心理问题产生的根源,学校层面应有针对性地采取一些预防措施,积极开展研究生心理健康教育:进行心理健康状况普查,了解研究生的心理健康状况,并开展相关工作;根据研究生的心理特点,建立有针对性的研究生心理健康教育工作机制;创建校园心理健康文化;开展团体心理辅导活动;开展心理咨询服务;建立研究生网络心理健康档案,实现全过程心理健康教育;积极完善研究生奖助贷体系,建立科学的奖助学金制度;鼓励设立基金会、奖学金、助学金等,扩大奖助学金来源;增加"三助"岗位数量,提高岗位工资;积极协助研究生办理生源地贷款,缓解其经济压力;积极进行就业指导,开拓研究生就业市场,缓解研究生的就业压力;开展不同形式、主题的心理健康教育活动和讲座等。这些举措能够帮助学生解决情绪调节、环境适应、人格发展、人际交往、交友恋爱、择业就业等方面的问题。

五、个人自助

个人层面,也是最重要的一个层面,要充分调动和发挥研究生自我教育的积极性、主动性。作为研究生,要勇于承担压力,压力是生活的一部分,没有必要,也没有办法逃离。学生要从容面对压力,在不断接受挑战中成长,在努力中发挥自己的潜能,实现自己的价值;要愿意承担压力,战胜压力也是成长的一部分。真正有害的不是压力,而是"压力有害"的观点。因此,面对压力,不能逃避,而要重新思考,要接纳、利用,并拥抱它。要改变对压力的看法,让它帮助自己学习和成长,甚至是激发自己的勇气,要运用压力的能量,让它促进自己的成长成才。

个人首先可以通过客观、全面地自我分析,重新认识自己,找出自己的优势和不足,扬长避短,逐渐树立自信,以从容应对外界环境的压力。其次可以进行有效的职业生涯规划,设立近期、中期、远期目标,并做好工作计划,不断总结,修正目标和方向,从而增强就业竞争力,为职业发展做好铺垫。再次可以学习掌握一些应对策略,提高解决问题的技能。最后还要加强自我心理保健,提高自己的抗挫能力,通过放松、情绪管理等方式化解心理矛盾,释放心理压力,完善个人心理品质。

研究生首先应认识到自我教育的必要性,进行自我激励,正确地认识自我和评价自我,树立与之相符的期望水平。其次要依靠强大的自制力,适当地控制、调节自己的行为,借助良好的学习氛围与实践契机,努力实现自我合理调适。再次是在课程学习、科学研究、实践活动中深化积极的情绪体验,强化自我教育效果,不断总结经验,在反思的基础上修改和完善自我教育计划。

加强心理健康教育,改善研究生心理状态,保护研究生的心理健康,预防研究生心理问题,对高素质人才的培养具有十分重要的意义。高校的研究生教育工作者,应在教育教学实践中,努力创建有利于研究生心理健康发展的环境,积极探索消除研究生心理问题的途径和方法,使我国的高素质人才队伍能够全面发展。

研究生出现心理问题既有环境客观因素,也有自身主观因素。高校作为研究生培养的主阵地,要认识到研究生心理健康教育的重要性和迫切性,做好顶层设计,构建完善的心理健康教育体系和师资队伍,切实提高研究生心理健康教育水平。

课后思考题

1. 研究生心理问题的成因有哪些?
2. 案例分析:

同学A:读研之后,我发现自己对科学研究并不擅长,对学习越来越不感兴趣,缺少动力。

同学B:我是保研的,本科时觉得学习不那么难,进入实验室后,发现身边高手如云,我各方面都不如别人,很是自卑。

同学C:研究生的许多工作任务都没有前人的研究基础,得自己琢磨,导师也很难手把手地教,感觉压力很大。

同学D:我每天都到教室自习,但是总是喜欢走神,越是想好好学的科目,走神越厉害,效率很低,怎么办啊?

思考:案例中的四位同学出现了哪些心理问题?这些心理问题会对他们造成什么样的危害?造成这些心理问题的原因是什么?为了帮助四位同学,你能提出什么样的建议或对策?

思想政治工作从根本上说是做人的工作,必须围绕学生、关照学生、服务学生,不断提高学生思想水平、政治觉悟、道德品质、文化素养,让学生成为德才兼备、全面发展的人才。

——习近平

　　高校只有抓住培养社会主义建设者和接班人这个根本才能办好,才能办出中国特色世界一流大学。

——习近平

第三章　研究生心理健康教育的策略

著名心理学家弗洛姆曾说过:"尊重生命、尊重他人,也尊重自己的生命,是生命进程中的伴随物,也是心理健康的一个条件。"随着经济的迅速发展,社会变革的深化,当代研究生在学习、就业、婚恋等方面的压力增大,研究生心理健康问题进一步凸显,高校研究生自杀案例频发,心理健康问题成为阻碍研究生发展的巨大阻力。加强高校研究生心理健康教育,增强研究生心理素质,提高研究生心理危机预防与干预能力,最大限度减少研究生心理问题发生,已成为当前研究生教育十分重要的内容。

研究生心理健康教育通过研究生培养过程中的教育和教学手段,使学生具有积极的情感体验、适度的情感表达、合理的情感控制、独立的人格、清晰的自我认知和良好的人际关系,从而使学生不断提高自我认知、自我心理保健和心理危机预防能力。

高层次、高水平的人才是否具有良好的综合素质,对促进社会发展乃至民族振兴具有深远的影响。从心理学的角度来看,个人整体素质的发展受到心理素质发展的制约。因此,提高研究生的心理健康教育水平,提高研究生的心理素质,是与人才培养相关的重大问题,这已经不全是研究生群体自身健康成长的需要,更是国家与社会发展的需要。

第一节　研究生心理健康教育有效策略探索

随着全球研究生教育规模的扩大,研究生心理问题逐渐引起社会各界广泛关注。许多国家和地区为此启动了研究生心理改善行动计划,有高校建立了心理健康教育中心,定期为学生举办心理健康讲座,日常为学生提供心理健康咨询服务,并设有心理危机求助电话。但仍有研究生正承受不同程度的心理压力。这些压力不能及时疏导,就可能导致研究生焦虑和抑郁。于是,寻求研究生心理健康教育的有效策略,成为研究生教育领域关注的焦点问题。

2019年9月,全球研究生院联合会在英国召开了"多元文化背景下的研究生心理建设全球战略领导峰会",西安交通大学、华中科技大学、西南交通大学等高校的专家代表受邀参会。与会专家基于全球案例分享和研究成果,关于全球研究生心理健康的治理状况及未来行动计划达成共识,形成《全球研究生心理健康教育行动指南》,充分强调了研究生心理健康的重要性,肯定了各国以及高校为此付出的努力及取得的成效,并提出了现有心理干预的局限性以及未来行动的指导方案。

会议指出,研究生心理健康已成为国际研究生教育领域关注的重点问题,世界各地都意识到研究生心理健康教育的重要性。大学为此提出了积极的应对措施以解决这些问题。但是这些努力未必能满足研究生的个性化需求。博士生面临一系列来自高成就期望及导学关系、职业不确定等方面的压力。大学是一个丰富多彩但又充满压力的地方,因此高校必须努力为研究生、教师、职员创造支持心理健康发展的环境。

为使不同国家和地区的高校有效开展研究生心理健康教育,与会者针对研究生心理健康评估以及组织和个人的有效干预提出了十一条建设性意见,具体如下:①建立心理社区提供资源和培训,采取预防干预等措施培养学生的抗逆力。②培育能促进大学教师、学生等心理健康发展的包容型校园文化。③采用一致的术语区分精神健康、精神疾病和精神良好状态。④在心理健康行动计划实施中赋予学生更多话语权,发挥学生在心理育人方面的主体作用。⑤协调实施有助于心理健康的项目和实践方案。⑥制定并实施心理育人策略,以确定需要支持的学生,并提出清晰的服务路径。⑦明确对导师的期望和导师的职责,区分导师与心理健康教育专业人员的角色。⑧为导师提供培训和资源支持,提高导师心理育人的能力。⑨明确并消除产生过度压力的原因,如制度政策、迎合高期望、职业不确定性、导学关系和经济压力。⑩制定应对创伤性事件的心理健康补救策略。⑪以统一可比的方式评估相关措施。

国际学界对研究生心理健康教育的重要性已经达成共识,但研究生心理健康教育在实践中发挥的作用依然非常有限。建立专业化的心理健康社区,进行日常化的相关者培训,建立多元化的培训主体,发挥学生的主动作用,评估改进方法和效果成为未来研究生心理健康教育改革的方向。

第二节　国外研究生心理健康教育策略探索

2021年5月，美国研究生院委员会和杰德基金会（The Jed Foundation，JED）共同发布了《支持研究生心理健康和福祉——对研究生群体的循证建议》，希望从多方面促进研究生心理健康。该研究报告提供了不同高校研究生心理健康教育的经典案例，从政策制定、导师培训计划、研究生社会情感能力提升等方面，全方位为研究生心理健康教育提供了有效支持。

一、实施基于政策的心理支持策略

许多大学提出新的项目和策略以支持研究生心理健康发展，但这些干预并不一定基于实证或经过充分评估。促进变革需要整合资源和利用数据，也需要不同部门的合作，为此几所高校采取了积极的支持措施。胡德学院利用项目评价数据进行调查。调查结果显示：良好的课程设置和心理支持能降低学生压力，提高其学业完成率。该校推出两项支持研究生心理健康发展的计划，即研究生学习成功协调计划和研究生心理健康任务计划。学生反馈表明这些计划使他们更加自信，推动了他们的学业发展和进步。韦恩州立大学咨询和心理服务办公室于2017年提出了自杀干预计划，并设立了自杀干预基金。4000多名学生参加了这一项目，包括建立合作网络、创新推广方式、基于调查的防护培训项目和合适的文化教育项目。这项计划包括建立校园心理健康服务专家评价机制以及改进心理健康服务和支持的战略规划。为了提出改进意见，营造安全包容的校园文化，2018年在全校范围内开展关于校园文化的调查以判断心理健康服务的优势和劣势。2019年启动了生活卫士和健康计划，旨在建立健康包容的文化环境。该项目将健康分为九个维度并提供不同的培训项目以消除研究生心理孤独，促进研究生心灵治理。①

---

① CGS. Strategic Leaders Global Summit on Graduate Education is generously supported by Educational Testing Service (ETS) and ProQuest[Z/OL]. (2019-11-09)[2021-07-13]. https://cgsnet.org/cgs.

为了促进特殊学生群体与全体研究生需求之间的平衡,亚利桑那州立大学实施了以下措施,确保其服务模式满足研究生的需求:第一,与亚利桑那州立大学咨询服务中心、亚利桑那州立大学健康服务中心和研究生及专业学生协会等机构确认现有资源认知差距后,定制心理健康计划来满足研究生的需求,并创建研究生和支持人员的学术实践和资源保障系统;第二,结合如何保持心理健康、调节压力和适应学校生活,召开小型网络研讨会,同时要求所有教学和研究助理都要经过必要的培训;第三,寻求与研究生院之间的合作,发挥校际学生以及朋辈间的指导作用,为研究生提供弹性发展的可能,具体表现在校际协同参与、学术认同和价值引领方面。匹兹堡大学为了实施研究生心理健康项目,进行了相关调查,并创建焦点小组,搜集相关信息。学校组建了心理健康资源和意识讲习班,培养出的辅导员将会对学生的心理健康和身体健康都发挥积极主动的作用。

二、提供多样化的导师心理健康培训

调查发现,许多研究生院院长认为导师最容易发现研究生的心理问题而且更便于进行干预和支持,但是学校在研究生导师心理健康教育培训方面却做得不够。[①] 杰德基金会调查发现,64%的研究生院院长认为他们的本科教学规划中提到了心理健康教育,但只有24%的研究生院院长认为他们的研究生教学规划中针对研究生心理健康教育有具体的支持文件。只有几所学校认识到研究生和本科生群体的不同且制订了具体的研究生心理健康教育方案。这一现象需要深刻的反思和基于实证的干预,并需要采取积极的行动以满足学生发展的需求。导师的支持对研究生的学习经历具有重要影响,许多研究生院为此组织了导师培训以引起对研究生心理健康的关注,并创新了许多"以学生为中心"的支持方法。

纽约州立大学布法罗分校社会工作学院2016年启动了一个跨学科的导师社交网络计划——"丰富学术关系网络"。并于2018年在研究生院集中实施,

---

① OKAHANA H, KLEIN C, ALLUM J. STEM doctoral completion of underrepresented minority students: challenges and opportunities for Improving participation in the doctoral workforce [J]. Innovative higher education, 2018, 43 (4):117-124.

以扩大研究生的社交网络,鼓励研究生群体充分利用这些资源。创新工作的开展不仅需要专家提供方法上的指导,更需要有意义的支持,尤其是研究生遇到压力和困难或被边缘化时。导师参与年度培训计划以便能判断学生什么时候需要帮助,并学会如何帮助学生。导师会在线发布自己愿意讨论的话题,学生根据需要在网上自主选择,可以就不愿意向他人展示的敏感领域与在线选定的导师进行交流讨论,从而构建亲密的指导关系。科罗拉多大学启动了"研究生同行导师项目",为新入学的研究生确定同行导师。同行导师为学生提供心理支持、鼓励和需要的信息,他们作为生活导师也为学生如何平衡工作学习提供建议,以便使学生很好地适应研究生生活和导学关系。导师不仅为新生提供生活和学业支持,也会为学生提供全面的指导。

导学关系中常见的问题是导师与学生之间缺乏沟通,为此学校采取了两项有针对性的措施:第一,鼓励导师了解学生的心理健康状态,以便更好地理解心理问题对研究生的影响;第二,签订新的指导协议,使导师和学生明确各自的义务和责任。

三、提高研究生的社会交往能力以缓解其心理压力

博伊西州立大学遵循"身体好才会发展好"的原则,开启了研究生心理健康计划,通过改善研究生的心理状态促进其学术成功。该计划主要包括为研究生提供心理健康教育、促进学生利用科学的心理咨询服务、培育学生的社会交往能力等。俄克拉荷马州立大学将心理健康教育列入学生全方位批判能力发展规划课程,将心理健康列为六种核心能力之一。许多研究生参加了心理健康项目,这些项目从不同方面提供了解决身心健康问题的方法和压力管理的策略,它们全都被公布在网络上,这样学生就能很直接地感受到校方对他们身心健康的关注。

第三节 我国研究生心理健康教育策略探索

一、以促进育人为主的教育目标

研究生心理健康教育的目标应基于全体学生心理适应能力的发展,并关注

应对和纠正严重的心理问题和心理危机的能力。一方面,研究生心理健康教育的目标应该是挖掘个人的心理潜能,以促进适应为基础的教育目标将使研究生心理健康教育更加规范和有效。在正常、宽松的教育氛围中,研究生将更加冷静地思考自己的心理问题,并寻求合理的调整方法,从而有效地维护自己的心理健康。另一方面,促进适应的教育目标要求研究生心理健康教育不仅要关注研究生群体的总体特征,而且要分析个体特征。对于特殊对象,应采取适合其心理发展特点的教育方法,帮助他们纠正心理问题,提高其适应能力和发展水平。

二、旨在促进自我教育的教育原则

研究生的心理健康教育应促进自我教育。首先,教育的目的应该是教给学生方法,启发学生的思考能力和给学生提供指导,鼓励研究生在遇到心理困惑和适应问题时进行理性评估,并及时、适当地进行自我学习和自我调节。寻求帮助的意识非常重要,也就是说,当不能独立解决问题时,应该知道如何积极寻求帮助。高校有责任使每个学生了解他们寻求帮助的途径。其次,研究生的心理健康教育应为研究生营造良好的同伴氛围。国内外研究表明,朋辈辅导具有科学的心理学理论基础和实践条件,是一种易于被个人接受的心理健康教育模式。对等协商容易形成平等的协商关系,不受时间和空间的限制,可以是实验室同学和研究小组之间的交流,也可以是同班同学和舍友之间的交流。

三、以服务支持为主的教育模式

研究生的心理健康教育应建立完善的研究生服务支持体系,以此为出发点开展工作。首先,高校应提供研究生心理测量服务系统。高校应建立先进的网络心理测评体系,不仅要使用常用的心理测评工具,还要对测评结果进行专业的解释和评价,以帮助研究生更直观地了解自己的心理健康水平,提高自己的心理素质。其次,高校要本着为研究生心理健康提供全面支持的理念,对研究生进行分类教育和指导。高校研究生的心理健康教育不仅应对新生提供特殊指导,还应对各个年级的研究生进行定期教育;不仅应该为一般的心理问题提供心理咨询,还应针对严重的心理问题进行心理矫正;不仅应当提供集体教育、团体咨询、同伴协助和案件咨询,还应提供有针对性的个性化咨询服务,并在新媒体环境中提供在线实时服务。

参照管理学的"系统原理"及5W1H分析法,高校在对研究生进行心理健康服务时,要运用系统的观点、理论和方法对服务活动进行充分系统分析,更需要明确为何服务(Why)、服务什么(What)、谁来服务(Who)、何时服务(When)、何地服务(Where)、如何服务(How)六个环节。高校可通过以研究生心理健康需求为中心的研究生心理健康服务系统(见图3-1,简称SD-SPC系统)来实现针对研究生的心理健康服务。研究生心理健康服务系统以研究生心理健康服务需求(Service Demand)为中心和出发点,由心理教师和咨询师等师资团队(Service Staff)设计服务平台(Service Platform),提供心理健康服务内容(Service Content),以便有针对性地满足服务对象的各种不同需求。

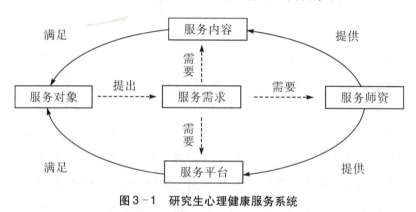

图3-1 研究生心理健康服务系统

四、全员参与的育人队伍

研究生的心理健康教育需要主要教育力量和辅助教育队伍的配合。研究生的心理健康教育不仅是学校心理咨询中心和心理教师的职责,还需要更多职能部门的配合和支持。研究生导师、专业教师、辅导员和管理服务人员均应纳入研究生心理健康教育服务系统。首先,导师应在高校研究生心理健康教育中充分发挥作用。导师作为研究生学习和科学研究的指导者,对研究生的心理状态有更直观、准确的认识,并且对研究生的学业发展具有促进甚至决定性的作用,直接影响着研究生的心理状态。其次,由专业教师、辅导员及其他管理和服务人员组成的教学管理团队也应充分发挥其在教学、教育和指导服务中的作用,并在教学、管理和学习中关心、尊重、接受和理解每个人。高校心理健康教育工作需要一支熟悉心理健康教育知识、精通实践技能、富有职业道德和奉献精神的团队。只有掌握学生的心理特点和实际需求，了解心理健康教育的规律，才能使高校心理健康教育工作快速发展、健康发展、科学发展。

高校要积极开展教育队伍的培训和管理，不断增强教育队伍的心理健康教育服务意识，提高其心理健康教育服务能力。整个实践队伍应充分了解研究生心理健康状况的复杂性和特殊性，并具有合作意识。各级院校、研究生院和其他组织要充分合作，通过整合教育力量，建立和完善更加专业有效的研究生心理健康教育支持体系。

五、过程性导向的教育评价

研究生心理健康教育评价主要包括对教育过程和教育团队的评价。高校应明确研究生心理健康教育评价的意义和价值，通过评价更好地促进教育过程。评估导向应注意过程评估和开发评估。首先，研究生心理健康教育评价应遵循教育过程的内在规律，并加强过程评价的科学性。心理健康教育是高度专业的有测量、有解释、有诊断的科学程序。高校研究生心理健康教育评价小组应具有专业性，能够准确地评价教育过程中各种教育行为的性质。其次，研究生心理健康教育应注重过程评价，将结果评价与过程评价统一起来。

在研究生心理健康教育评价中，应注意对研究生教育过程中的各种信息进行搜集和分析，并进行有针对性和准确的评价，为正确地对心理健康教育进行评价提供基础支持。在评估过程中，高校管理者应深入研究生教育前沿，了解研究生群体的心理健康教育需求，并评估和检查学校、学院、研究生教育团队、导师、专业教师的教育行为。高校应加强对日常教育过程的定期检查和监督，重视研究生心理健康教育的正常开展，促进考核改革，在研究生心理健康教育过程中不断促进互动与合作，使研究生心理健康教育取得更好的效果。

课后思考题

1. 国内外的研究生心理健康教育策略对你有什么启示？
2. 你认为提高研究生心理健康水平的策略有哪些？

"才者,德之资也;德者,才之帅也。"人才培养一定是育人和育才相统一的过程,而育人是本。

——习近平

要把立德树人的成效作为检验学校一切工作的根本标准,真正做到以文化人、以德育人,不断提高学生思想水平、政治觉悟、道德品质、文化素养,做到明大德、守公德、严私德。

——习近平

第四章　研究生立德树人教育的内容

第一节　研究生立德树人教育目标体系

一、研究生立德树人教育的内涵

（一）立德树人的历史渊源

党的十八大之后，习近平总书记在多个场合强调立德树人的重要性。2016年12月7日，习近平总书记在全国高校思想政治工作会议上指出："高校立身之本在于立德树人。"①2019年3月18日，习近平总书记在主持召开学校思想政治理论课教师座谈会时强调："思想政治理论课是落实立德树人根本任务的关键课程。"②

新时代所强调的立德树人理念，不仅包含对传统思想的传承，而且随着时代的变化而不断发展。德育文化一直是对我国优秀传统文化的传承，也是中华民族的深层精神诉求。我国传统教育始终坚持育人为本、德育为先的原则，"德育"一词是当代教育学的重要概念，也是我国高校思想政治教育工作的重中之重。

（二）科学内涵："立德""树人"的辩证统一

立德树人具有丰富深刻的内涵，其不仅包含对优秀传统文化的传承，而且随着时代的发展有了新的内涵。公德，我们可以很简单地把它理解为在公共领域中的道德，比如在对待公物、对待环境方面表现出来的品质。私德，就是在私人生活领域中的道德，比如在处理家庭关系、夫妻关系方面表现出来的品质。公德和私德作为道德行为，我们往往注意的是道德主体的精神状态，即个人是

---

① 习近平.习近平谈治国理政：第二卷［M］.北京：外文出版社，2017：337.
② 习近平.习近平谈治国理政：第三卷［M］.北京：外文出版社，2020：329.

否有良好的道德操守与信念。但是公德与私德不仅仅是伦理观念问题,还包含着公共舆论、社会的公私域状态,以及相应的制度。要做好新时代的教育工作,不仅要明确"立什么样的德""做什么样的人",更需要深入研究德与人的关系。立德树人是"立德"与"树人"的有机统一。

立德与树人是一个有机的整体。立德是根本,树人是核心。不立德就难以树人,离开树人,立德就失去了意义,要把立德树人贯穿于人才培养全过程。立德树人是我国高校思想政治教育的根本任务。立德不仅要求学生有"学德",更要求教师有"师德";树人就是"培养什么样的人"的问题,新时期高校要"树"的就是德才兼备之人。

(三)时代价值:培养担当民族复兴重任的时代新人

习近平总书记在北京大学师生座谈会上指出:"要把立德树人的成效作为检验学校一切工作的根本标准,真正做到以文化人、以德育人,不断提高学生思想水平、政治觉悟、道德品质、文化素养,做到明大德、守公德、严私德。要把立德树人内化到大学建设和管理各领域、各方面、各环节,做到以树人为核心,以立德为根本。"①

在研究生教育过程中,要把以德为先、德才兼备的人才培养理念落到实处,全面引导研究生树立正确的政治信仰和公民道德意识,严格规范自己的行为。立德树人是时代对高校服务于中国发展的现实目标和未来方向的要求。实现中华民族伟大复兴的中国梦,人才是很重要的,而基础在于教育。为人民谋幸福,为民族谋复兴,为国家谋富强,需要人才的有力支撑。

二、研究生立德树人教育的根本任务

德育建设的根本任务是培养中国特色社会主义事业的建设者和接班人,体现在培养有理想、有信念、有大德、有爱心的人,体现在培养德智体美劳全面发展的人。抓好德育工作必须在政治建设、中国特色、人才培养体系和师德师风等方面下功夫。

---

① 习近平.在北京大学师生座谈会上的讲话(2018年5月2日)[M].北京:人民出版社,2018:7.

每一所大学都应扎根于自己的土壤,不断发展为国家战略和人民福祉服务的研究生教育工作。高校必须坚持为党和国家育人的价值取向,坚持立德树人,把培养听党话、跟党走的中国特色社会主义建设者和接班人作为根本任务,以民族复兴大业为己任,为党和国家的总体战略提供有力支撑。

三、研究生立德树人教育的基本原则

第一,导向性原则。在立德树人实践的过程中,首先要坚持导向性原则,即德育要坚持正确的政治方向和价值导向。

第二,疏导性原则。疏导性原则是指进行德育时要循循善诱、以理服人。中国古代教育家孔子就十分善于诱导他的学生,其弟子颜回曾这样称赞道:"夫子循循然善诱人,博我以文,约我以礼,欲罢不能。"这说的就是疏导性原则。坚持疏导性原则,能够从学生的认识入手,调动学生的主动性,使他们积极向上。

第三,因材施教原则。在德育实践过程中,还要注重因材施教,即根据学生的年龄发展特征、个性差异以及思想品德发展现状,采取不同的方法和措施,加强德育的针对性和实效性。

第四,知行统一原则。在对学生进行德育时,既要重视对学生进行系统的思想政治理论教育,又要重视组织学生参加实践锻炼,把提高认识与行为养成结合起来,使其做到知行统一。

第五,教育的一致性与连贯性原则。在立德树人实践的过程中,教育者应当调动多方面的教育力量,统一认识和步调,有计划、有系统、前后连贯地教育学生,发挥教育的整体功能,培养学生优良的思想品德。

四、研究生立德树人教育工作面临的挑战

在新的历史时期,研究生立德树人教育工作面临诸多挑战。

(一)文化多元化的挑战

经济全球化带来了文化的多元化,在西方价值观的冲击下,部分研究生对西方的价值观念和生活方式盲目崇拜,错误地认为西方化就等于现代化,从而忽视自己的优秀传统文化。在经济全球化的过程中,以个人主义、物质利益为中心的西方文化的强力扩张,对我们"天下兴亡,匹夫有责"的爱国情怀、"刚健有为""自强不息"的进取精神、"仁爱孝悌""谦和好礼"的人伦常理、"诚实守

信""勤俭廉政"的道德品质、"修身养性""慎独律己"的修养态度等优秀传统文化产生一定冲击。

同时,国内外形势正在发生复杂而深刻的变化,社会上各种错误思潮和腐朽思想文化带来的影响和冲击也不可忽视。研究生立德树人教育要继承和发扬我国的优秀传统文化,深深地植根于中国优秀传统文化之中,从中汲取德育营养,培养研究生的"根"文化,即被研究生普遍接受的世代传承的祖国本土文化。对西方的优秀文化,则积极地吸收借鉴,为我所用。

(二)信息传播网络化的挑战

随着科学技术的迅猛发展,新媒体应运而生。报纸、电视、广播等传统媒体在信息时效性和容量方面存在很大的局限,以互联网为标志的新媒体更趋向于个性表达,它能够满足人们即时交流、沟通,甚至娱乐的需求。随着工作生活节奏的加快,人们的时间分配呈碎片化,新媒体的这些优势极大地迎合了研究生生活、学习与研究的个性诉求。研究生个性意识比较强,大都有表达自己以及与他人互动交流的意愿,希望通过新媒体表达自己的想法,进而与他人交流。快速发展的新媒体为研究生学习知识、积累经验、拓宽视野提供了良好的平台,有利于研究生的全面发展。但是新媒体具有交互性与即时性特点,传播的内容比较繁杂,且未得到及时有效的过滤,其中既有精华,也有糟粕,既有正能量,也有负能量,这些都为研究生德育工作带来了巨大的挑战。

对高校德育工作而言,新媒体的这种便利带来了丰富的德育资源,德育工作者可以通过新媒体选择适合研究生德育教育的资源,还可以在继承传统德育教育内容的基础上,结合手机等新媒体传播终端,丰富德育教育的内容和形式。然而丰富的信息资源在带来便利的同时,也会造成诸多困扰。由于网络信息来源广泛,每个人都可能成为信息的制造者,甚至是虚假信息的传播者,因此,研究生德育工作者必须辨识信息的真伪,花费一定的时间去过滤信息,运用好这把双刃剑,从而提高高校研究生德育的成效。

五、研究生立德树人教育的有效实施路径

(一)构建"三全育人"生态圈

高校要做好"以生为本"的引领工作,转变教学管理和服务理念,构建"三全育人"体系,即全员育人、全方位育人、全过程育人。"三全育人"一要坚持全员育人。学校教职工要改变传统的教学管理服务理念,言行均要履行育人的责任,坚持"以学生为中心"的原则,为全体学生着想,为全体学生谋利,真心实意为学生解决困难并提供帮助。二要坚持全方位育人。高校应推动覆盖课堂与课外、线上与线下、校内与校外的立德树人教育,打造"三全育人"生态圈,整合立德树人资源,实现"教"与"育"、"管"与"育"、"服务"与"教育"的融合与相互渗透,以春风化雨、润物细无声的方式实现全方位育人,提高高校"三全育人"的人性化程度和影响力,为高校立德树人立项工程作出更大的贡献。三要坚持全过程育人。高校应将德育工作贯穿于学生成长成才的全过程,促进教学、管理、服务等不同部门之间的合作,实现教学、管理、服务、教育的有机统一。

(二)重视研究生思政课程建设,筑牢思政课程主阵地

坚持以立德树人为中心环节,把思想政治工作贯穿教育教学全过程,做到全方位育人、全过程育人,用好课堂主渠道。要办好思政课,以解决学生的思想问题为重点,以提高学生的获得感为立足点,提高思想政治理论课的质量;要挖掘每门课程的思想政治教育资源,明确每门课程的价值取向,在实现知识传授和能力培养的同时,确保每门课程有正确的价值取向。贯彻"以学生为本,围绕学生,关心学生,服务学生"的原则。学校的办学思想和相关政策要体现以教育为中心,学校的教育管理服务要以学生为中心。要遵循教育规律,遵循思想政治教育规律,遵循学生成长成才规律。要围绕这三个规律采取措施,使思想政治工作者、党务工作者、专业教师掌握这三个规律,从而调动思想政治工作者和专业教师的主动性和积极性,促进思想政治教育方法的创新。

1.发挥思政课程主渠道作用

思想政治理论课教育教学主要通过课堂主渠道覆盖高校所有专业、面向全体学生,在立德树人方面具有独特优势。因此,要用中国特色社会主义理论体系和社会主义核心价值体系武装学生,推动习近平新时代中国特色社会主义思想进教材、进课堂、进头脑,创新思想政治理论课教学方法,激发课堂活力,积极回应社会热点、焦点、难点问题,扎实推进新时代思想政治理论课守正创新。推进新时代"公民课"创新,增强思想政治教育的亲和力和针对性,把思政课程打造成一门高质量的德育课。

2. 发挥思政课程压舱石作用

中国特色社会主义教育要用新时代中国特色社会主义思想铸魂育人,发挥思政课程的压舱石作用,加强马克思主义理论传播教育,把理论灌输与人生塑造、思想教育与价值引领等结合起来,坚持不懈用社会主义核心价值观净化风气,发挥思政课程压舱石作用,增强立德树人的疏导感化效果。

3. 增强导师认同感,发挥研究生导师育人作用

立德树人将树立和培育教师核心价值观作为首要任务。教师核心价值观是全体教师在实施和开展教育教学活动中应遵循的道德风尚、价值理念、职业行为和行为准则的总和。高校教师的德行,既与教师自身对教师职业的认识有关,也与自身的态度和发展取向有关;既是由自身发展需要决定的,也是由教师核心价值观决定的。此外,要树立师德榜样,优化高校教师的道德素质结构,提高师德示范效果。优化高校教师道德素质结构是提高高校教师整体素质、增强师德示范效果、提高人才培养质量的内在要求,是高校实现立德树人目标的根本任务,是提高教师道德判断力、道德行为规范力的决定性因素和内生动力。

研究生导师是高校教师群体中的佼佼者,是高校师德师风建设的核心力量。要发挥研究生导师的主体作用,通过提升研究生导师群体的职业道德素养,全面推进研究生导师立德树人工作的落实。研究生导师要以《高等学校教师职业道德规范》的要求为基准,服务社会,为人师表,真正做到教书与育人的统一。高校要不断加强对研究生导师师德师风的培养,为导师提高自身的道德素质提供动力支持,为研究生导师搭建践行师德师风的平台。

(三)建设和完善研究生教育质量保障体系

全面落实研究生导师立德树人职责必须系统分析研究生教育系统内部各种因素与环节的配套保障。

第一,落实导师立德树人职责是高校发展和研究机构建设的前提。导师归属于高校和研究机构,研究生导师必须按照高校和研究机构的人才培养方案来培养学生。因此,高校应建立健全内部管理制度,重心下移,注重学术。因为以学术为重心的氛围,更容易使学校上下特别是高校教师以学业为荣,把学术工作放在首位,从而鼓励导师以更大的热情投入到学习中去,致力于育人,所以,要全面落实导师的立德树人职责,客观上需要建立和完善以学术为中心、管理

重心下移的内部管理制度。

第二,建立健全教育教学评价机制,充分体现人才培养的重要地位和德育工作的重要价值。在管理机制方面,影响导师队伍建设和导师德育责任落实的学校内部因素主要体现在两个层面:一是学校内部对基层教育单位即导师所属学院工作的评价体系设计;二是完善导师队伍组建的制度设计,包括导师的选拔、师生互选、导师的评价和奖惩等方面的整体设计。

第三,以德育精神为指导,建立和完善研究生教育、管理的综合保障体系。培养人才是学校的根本任务,学校的一切工作和设计都要为这一根本任务服务。因此,学生是学校办学的中心因素,也是考察导师立德树人工作的核心因素。为了全面落实导师立德树人的教育要求,必须保证学校和辅导员在学生教育的全过程中全方位地落实和体现培养人才的具体要求,这是由教育的特点和规律决定的,这就需要按照全面质量管理的理论,建立服务这一要求的教育质量保障体系。

第二节 研究生理想信念教育

高校研究生群体是一个充满活力与创造力的高素质、高知识储备的人才群体,他们是国家富强、民族振兴的动力源泉,更是国家发展的重要智力储备。面对不断发展、不断变化的新时代,各种文化思潮、思想碰撞,纷繁复杂、千变万化的世界总会不可避免地对这个充满朝气、具有独立思考能力的群体产生冲击。高校必须更加凸显研究生的理想信念教育,才能够培养造就中国特色社会主义的合格建设者和可靠接班人。

一、新时代研究生理想信念教育的内涵

理想信念是人们在一定的认识基础上,对某种思想、理论和事业怀有的坚定不移的信仰并身体力行的心态,也是人们的世界观、人生观、价值观在奋斗目标上的集中体现。因此,研究生的理想信念教育就是从对研究生的信仰教育出发,做好基础认知的引导教育。理想信念是人们"精神上的'钙'"。中国特色社会主义进入新时代,中国共产党人的初心和使命,就是为中国人民谋幸福,为中华民族谋复兴。面对新时代的新特点、新要求,当下研究生理想信念教育应

该围绕实现中华民族伟大复兴来进行。

二、新时代研究生理想信念教育的意义

加强研究生理想信念教育意义重大。纵观我党历史,每逢危急时刻,党员都能展现出一种不畏困难、挺身而出、力挽狂澜的品质,使党的事业转危为安。党员的这种高贵品质的养成,靠的就是理想信念的培养。中国共产党之所以能够经受一次次挫折而又一次次奋起,归根到底是因为有远大理想和崇高追求。由此,唯有在教育过程中帮助研究生树立正确的理想信念,才能培养出一大批素质过硬的社会主义建设者和接班人。

(一)理想信念教育是新时代研究生教育的现实需求

高校是教育的主阵地,学生的教育与国家的发展息息相关,理想信念教育则是我国新时代研究生教育的时代要求。

一方面,从我国历史发展进程来看,理想信念教育一直以来都是我国教育工作的重要环节。另一方面,从新时代的特点来看,理想信念教育在新时代同样处于重要地位,是当下研究生教育的现实需求。党的十九大报告指出,现阶段我国社会主要矛盾已经转化为人民日益增长的美好生活需要和不平衡不充分的发展之间的矛盾。面对新时代的新特征,研究生教育面临着新机遇与新挑战,研究生群体作为祖国建设的后备军,更加需要明确认识、夯实基础,更加需要从根本上理解新时代社会发展方向与国家发展目标。为了保证目标的实现,就必须抓好理想信念教育这一根本。

(二)加强理想信念教育是提升我国研究生整体素质的必经之路

一方面,从我国的研究生培养目标来看,加强理想信念教育是提升研究生素质的必经之路。他们中的有些人可能会成为中国特色社会主义事业各条战线上的骨干,也可能是建设中国特色社会主义伟大事业的栋梁之材,他们是新时代宝贵的人力资源,他们的科学文化素质、思想政治素质、道德情操水平都与社会主义现代化建设密切相关。特别是研究生群体的政治素质,是否具有坚定的共产主义理想信念,对国家、民族的前途有着极大的影响。新时代背景下,没有坚定的理想信念,就无法承担中华民族伟大复兴的历史使命。

另一方面,从现阶段我国研究生教育的现状来看,加强理想信念教育是提

升研究生素质的必经之路。值得肯定的是,研究生教育的快速发展,为中国的经济、社会、文化的高速发展输送了大量高级人才。但是,高速发展本身也给研究生思想政治教育,特别是理想信念教育工作带来许多新的问题,因此,高校必须加强理想信念教育,以应对世界观、价值观多元化的冲击。

第三节 研究生私德教育

私德是指个人在处理恋爱、婚姻、家庭、邻里等私人问题和关系时展现的个人品德、修养、作风、习惯和道德标准。私德通常以家庭美德为核心。学校私德教育是指对学生私德意识和行为的培养。公德一般是存在于社会群体中的道德,是生活在社会中的人们为了本群体的利益,就应该做什么和不应该做什么达成一致的行为准则。

一、个人品德

(一) 品德的内涵

从现有的研究来看,学术界从伦理学、心理学等多个角度对品格的内涵进行了研究和界定。其一,伦理学领域对品德的界定。伦理学领域关注的是个体的内在品质,指向个体如何做人,是怎样的人。品德是个人在私人生活领域的道德,即个人在私人生活领域基于自己的人生目标和道德义务的道德修养,比如自强不息、尊老爱幼、乐于奉献、团结友爱等。其二,心理学领域对品德的界定。心理学领域对品德的研究往往集中在个人的心理特征上,从品德的心理结构角度研究个人性格的构成要素。人格是品德的内在动力,品德是人格的组成部分,是在人格的基础上将道德规范内化为个人行为规范的内在品质,是个体按照社会规定的道德规范行事的稳定品质或倾向,它受社会约束,依赖于人的心理活动规律。

(二) 个人品德的构成要素

个人品德建设与社会道德建设是相互联系、不可分割的。社会道德建设以个人品德为基础,个人品德在不同层面上表现为社会公共生活中的社会公德、生产工作中的职业道德、家庭生活中的家庭美德,而个人品德的养成是由社会道德规范决定的,通过知、情、意、信、行五个要素实现行为外化的理论内化,最终形成符合社会道德标准的道德行为和行为习惯。

品德认知包括感性认知和理性认知,感性认知是指个体通过后天学习得以理解和掌握道德规范,逐步形成对道德原则和规范的具体认知,即一个从无到有的积累过程;基于感性认知的理性认知是指在完全理解和掌握道德规范的前提下,运用道德规范进行判断。从实践的角度看,个人越是学会全面、深刻地认识个人品德,就越容易实现从认识到认同,最后到具体道德实践的转变。

品德情感建立在道德认知的基础之上,个人情感由于强烈的主观性在区分事物时受到个人偏好的影响。在实际生活中,不同个体对同一个体的品德评价往往会因为个人偏好而产生很大的差异,如果社会规范所要求的道德行为与个体的情感认同相一致,就会加强个体对该道德行为的认同和践行。因此把握个体品德情感的差异是完善个人品德的关键环节。

品德意志是个体在学习、认知、演练和实践社会道德规范的过程中磨砺出来的毅力和品质。个体意志的强弱决定了个体最终能否形成稳定的品德行为。从品德的发生过程来看,践行品德过程中所要面临的困难对每个个体来说都是相同的,但是意志顽强的个体会坚持不懈地将优良品质贯彻下去,最终养成高尚的品德素养和良好的行为习惯,而意志薄弱者往往难以承受磨炼,最终无法达到社会道德规范所要求的水平。

品德信念与情感、意志均是个体的内在心理因素,是个人品德形成的起点和动力,影响着品德行为的发展方向。当品德认知通过心理引导成为理想信念时,可以激发个体的主观能动性,进而为个人道德品质的形成提供帮助,帮助个体形成高尚的个人道德品质。因此可以说,品德信念是个人品德形成的必要条件。

品德行为是个人品德形成的关键环节,所有的品德认知、情感、意志和信念最终都要反映在个人的品德行为上,个人品德会由内在的心理因素引发品德行为的动机,从而形成相对独立的外在品德行为,而个人性格的客观内容则由行为习惯来揭示。

个人品德是一个各因素相互联系、相互影响的有机统一体,品德认知是个人品格形成的前提,品德情感和品德意志是实现认知向行为转化的催化剂,品德信念是引导思想和心理活动转化为具体实践活动的支点,个人品德形成的全过程是通过品德行为来具体体现的。

二、婚恋观和家庭美德

(一) 婚恋观

婚恋观即人们的婚恋价值观,是指人们对婚姻中男女关系的基本看法和意见,它包括人们对爱情的基本看法、对恋人的期望,以及对不同婚姻形式及其变化的看法。婚姻观念影响着婚恋行为,个人的婚恋观念千差万别,所以才会有多种爱情形式。一般来说,婚恋观的内涵可以细化为三个方面,包括恋爱观、择偶观和婚姻观。

(1)恋爱观。恋爱是异性在生理、心理和环境的作用下,相互欣赏和培养爱情的过程。恋爱观是指一个人对爱情的理解和认识,对爱情的态度、观点和行为倾向。一个人有什么样的恋爱观,与他的成长环境、生活背景、受教育程度等有非常密切的关系。不同的恋爱观会导致不同的恋爱行为和动机,从而形成不同的恋爱类型,如功利型、伴侣型等。

爱情是生活的重要内容,但它不是生活的全部。正确认识爱情的本质特征及其在生活中的地位,是树立正确恋爱观的基础,也是青年学生谨慎驾驭爱情之舟的前提。

(2)择偶观。择偶观是指主体在择偶过程中的价值判断和态度倾向。它决定了个人的择偶标准,将直接影响个体对婚姻的选择。

(3)婚姻观。婚姻观是人们对婚姻的基本认识和看法,是人生观的重要组成部分,它反映了男女双方对婚姻的态度和信念。有什么样的婚姻观,就会有什么样的婚姻。几乎每个人都要经历这样的人生阶段,即从恋爱到组建家庭,健康的婚恋观对一个人的全面发展是有益的。研究生的婚恋观代表了其婚恋思想,预示着他们的婚姻走向。因此,社会和学校一定要密切关注研究生的婚恋观,为他们的成长创造良好的环境和和谐的氛围。

(二) 家庭美德

家庭美德是指家庭生活中的道德规范,即个人在家庭生活中应遵循的道德行为准则,它能有效调节家庭成员之间的关系,处理家庭生活中出现的各种问题。家庭是社会的基本细胞,是人生的第一所学校。在家庭中进行良好的道德教育,不仅可以使家庭成员之间和睦相处,使家庭成员养成良好的个人品德,而且是促进社会道德体系建设的有力抓手,同时对构建社会主义和谐社会具有重要作用。

每个人都应该自觉遵守家庭美德,重视家庭、注重家教、注重家风,促进家庭生活的和谐与幸福。

认识家庭美德的重要性。中华民族自古以来就重视家庭、重视亲情。天伦之乐、尊老爱幼、贤妻良母、相夫教子、勤俭持家等,都体现了中国人的这种观念。"家和万事兴,家齐国安宁",实现中华民族伟大复兴的中国梦,离不开千千万万"家和"的力量,离不开许许多多"最美家庭"的滋养。不论时代发生多大变化,不论生活格局发生多大变化,都要重视家庭建设,发扬家庭美德,促进家庭和睦,促进亲人之间相亲相爱,使千千万万个家庭成为国家发展、民族进步、社会和谐的重要基点。

近年来,党中央十分关注家风建设。家风是指家庭或家族的传统风尚或作风。良好的家风对家庭成员的个人修养、品德操守等产生重要而积极的作用,家风不正,家庭成员的个人品行也容易出问题。家教是实现家庭美德与家风互动的中介,要通过注重家教来推动良好家风的形成和传承。现实中出现的拜金主义、溺爱子女、家庭暴力、漠视老人等问题,从反面证实了家风家教的重要性。良好的家风对整个社会的风气有重要影响。如果每个家庭都风清气正,社会风气自然会得到改善,也会相应地"正"起来。

遵守婚姻家庭法律规范。婚姻家庭关系不仅需要道德来维系,也需要法律来调整,遵守婚姻家庭生活中的法律规范是自觉遵守家庭美德的集中体现。新时代青年要在家庭生活中遵守婚姻自由、一夫一妻、男女平等,保护妇女、老人和儿童的合法权益,夫妻互相忠实、互相尊重,家庭成员间敬老爱幼、互相帮助等基本原则。研究生应该在学习成长过程中深刻体会对婚姻和家庭所应承担的责任,自觉做家庭美德的倡导者和践行者。

课后思考题

1. 研究生立德树人教育的基本原则是什么?
2. 新时代研究生立德树人教育工作面临哪些挑战?
3. 研究生理想信念教育的意义是什么?

先生不应该专教书,他的责任是教人做人;学生不应该专读书,他的责任是学习人生之道。

——陶行知

追求理想是一个人进行自我教育的最初的动力,而没有自我教育就不能想象会有完美的精神生活。我认为,教会学生自己教育自己,这是一种最高级的技巧和艺术。

——苏霍姆林斯基

第五章　研究生立德树人教育的主体

真正的教育成果,是人们遗忘了所有学校灌输的知识后,仍能留存的东西。所谓灌输,就是教育者采用有目的性、针对性的手段对受教育者进行现有知识体系输送的过程。随着信息获取渠道的拓宽,以人为本理念的普及,灌输式教育逐渐被启发式教育取而代之,启发式教育的优点在于能够妥善处理教与学之间的关系。由此引出本章讨论的重点,研究生立德树人教育主体的相关内容。研究生立德树人教育的实践主体包含两个方面,也就是教育学领域经常提及的双主体,分别指教育者和受教育者。二者在教育过程中摆正自己的位置,充分发挥主体能动性,对高校落实立德树人的根本任务具有关键作用。

第一节　学校在研究生立德树人教育中的功能发挥

《大学》中所说的"大学之道,在明明德",就向世人展现了以弘扬高尚品德为宗旨的办学之道。习近平总书记在北京大学师生座谈会上说:"大学是立德树人、培养人才的地方,是青年人学习知识、增长才干、放飞梦想的地方。"[①]因此大学的本质就是广揽优秀学子、积淀文化成果、服务于社会进步的非营利性社会组织。

一、良好的校园环境对研究生立德树人教育的影响

(一)转变研究生传统的学习方法

很多研究生在养成学习习惯的中小学阶段步入了误区:第一,知识的获取方式主要是接受型,非自主发现型。第二,学习的内容主要来源于课本,并局限

---

① 习近平.在北京大学师生座谈会上的讲话(2018年5月2日)[M].北京:人民出版社,2018:4.

于课本,忽视了课外阅读和兴趣培养的重要性。第三,唯分数论,而不注重知识本身。进入新的学习阶段后,研究生极有可能会对自主性和探讨性的学习方式感到不适。此时校内学习氛围浓厚的公共图书阅览室、自习室,方便快捷的多媒体教室,设计合理的研讨室,或者是资源丰富的线上图书馆,都是研究生学习的优良环境,方便他们在闲暇时间独立或相伴学习,探索新知识。消除学习方式转变引起的心理不适,培养孜孜不倦的求学态度和发现问题式的学习方法对研究生快速适应新的学习阶段十分重要。

(二)引导研究生养成正确的价值观念和行为习惯

学校不仅要传授学生知识和技能,更为重要的是要引导学生在互联网高速发展、文化日趋多元的复杂的社会大环境中形成正确的世界观、人生观、价值观,养成符合道德规范的行为习惯。纵使研究生已经掌握较多知识,但社会经验较少,如果不接受正确的价值观引导,就有可能在接触互联网上的负面甚至是违法信息后而不自知,听信、传播相关内容;如果不接受正确的行为习惯的引导,就有可能在多元文化的冲击下迷失自我,误入歧途。良好的校园环境对积极引导的实施具有重要作用:学校重视思想政治教育、立德树人教育,就有利于杜绝研究生思想上出现偏差;学校重视校园基础设施建设,就有利于打造外部硬件设施先进、内部软文化实力强盛的学术生态圈。研究生在校期间爱学术、爱学校,才能在步入社会后承担起各种社会责任。

(三)促进研究生的心理平衡

与他人比较、竞争是个体在发展过程中时常发生的正常的心理活动,但如果没有良好的自我调节能力和合理的外部引导,在比较、竞争中就有可能出现心理失衡。良好的校园外部环境能够净化心灵,在一定程度上削弱研究生的这种比较心理,从而使研究生更看重学术活动本身,不断提升自我修养,减少苦恼情绪。除此以外,良好的校园内部环境能让研究生感受到浓厚的校园文化、以人为本的办学理念,以及学校各部门对学生的殷切关怀,可以消解其求学期间的孤独感,促进研究生的心理平衡。

二、学校层面研究生立德树人教育的有效途径

高校立身之本在于立德树人,高校要想全面落实立德树人,必须要遵循"以人为本,德育为先"的原则,以人文关怀为引领,进而将德育作为其他工作的前

提。心理健康教育对培养高素质人才、促进研究生健康成长至关重要。心理健康教育是高等学校思想政治教育体系的重要组成部分,同时也是实现立德树人教育目标的重要因素。高校要着力提高心理健康教育质量,坚持培育时代新人的价值导向。

研究生群体是一个特殊的准学者群体,他们既是学术研究者又是学术消费者,无论是作为研究者还是消费者都需要支付成本,这些成本包括时间、金钱、情感和学术劳动等。在支付这些成本的过程中,家庭、学校、社会的高期望,学业压力,就业压力,以及个人对未来的高期望都可能成为心理问题产生的原因。因此,学校应从以下几方面努力:为研究生设立专业的心理咨询机构,使研究生有一个缓解心理压力的场所,为研究生的健康成长提供心理帮助;及时进行心理健康调查,发现问题并及时解决;建立研究生心理健康协会,充分发挥朋辈辅导在心理教育中的作用;加强针对导师的心理健康知识培训,提高导师对心理健康教育重要性的认识,充分发挥导师在研究生心理健康教育中的主要作用,构建充满人文关怀的研究生教育模式,为研究生营造轻松的成长环境。

理论联系实际,是马克思主义的基本原则,是实事求是思想路线的要求,是马克思主义学风的体现。而理论联系实际,就是要从马克思主义基本原理出发,联系我国的社会实际和国际形势,发现和解决问题。由于不同高校的具体情况不同,特别是研究生的心理状况和心理健康教育人员的配置不同,因此要根据各高校的具体情况,有针对性地开展工作。同时,要具体结合新时代背景,通过网络等新媒体手段,创造适合研究生的心理健康教育新模式、新方法。

(一)种好"课程思政"责任田

研究生的课程是实现其培养目标的重要载体,也是实现研究生立德树人教育的重要基地。2014年《教育部关于全面深化课程改革落实立德树人根本任务的意见》强调:"课程是教育思想、教育目标和教育内容的主要载体,集中体现国家意志和社会主义核心价值观,是学校教育教学活动的基本依据,直接影响人才培养质量。"[1]《中共中央国务院关于进一步加强和改进大学生思想政治教育

---

[1] 教育部关于全面深化课程改革落实立德树人根本任务的意见[EB/OL].(2014-04-08)[2021-05-21]. http://old.moe.gov.cn//publicfiles/business/htmlfiles/moe/s7054/201404/167226.html.

的意见》一文也明确要求：充分发挥课堂教学在大学生思想政治教育中的主导作用。而课程思政就是指以构建全员、全方位、全过程育人格局的形式将各类课程与思想政治理论课同向同行，形成协同效应，把立德树人作为教育的根本任务的一种综合教育理念。高校要构建科学合理的研究生课程思政机制，首先要做到教育主体观念的转变。课程思政不是在形式上简单地把专业课和思政教育叠加，而是让二者相互融合、相互促进，要从根本上扭转当前研究生教育"轻德育"的错误局面。其次要发挥专业课程的渗透作用。要通过课堂教学这一主要渠道，在专业课教学中不断融入立德树人理念，使研究生专业知识教育的发展和思想政治教育的方向保持同步。课程思政，更加有针对性地满足了学生全面发展的要求，能够不断增强研究生立德树人教育的实效性。再次要更加重视心理科学和心理健康知识的宣传和普及，增强学生的自我心理调节能力，强化心理健康意识，正确进行心理健康教育，理解学生正常的心理波动。同时，还要根据学生的不同类别和特殊学生群体的不同心理特点，进行有针对性的心理健康教育。此外，应进行多方面的研究生心理健康教育，在心理健康教育必修课和心理咨询指导选修课的基础上，应开设相应的新媒体课，使学生可以随时随地观看，还可以进行相应的实践活动，例如心理咨询，并可以创建心理聊天室，给研究生创造可以表达自己的感受和想法的场所，利用线上线下的优势互补，更好地增强研究生心理健康教育的成效。

（二）打造"三全育人"生态圈

《关于加强和改进新形势下高校思想政治工作的意见》中对高校如何开展思想政治教育提出了最新要求，即全员育人、全方位育人、全过程育人，亦称"三全育人"。

第一，全员育人。重在强调学校中的全体教职工参与到研究生立德树人的教育工作中去。教职工以严格遵守教师道德行为规范为底线，不断加强道德规范和法律法规的学习，以追求高尚的人格为标杆，不断提高身为人民教师无私奉献的修养。学校和教师要将学生放在首位，将"一切为了学生"的教学原则、办学方针和育人生涯深深融合在一起。全体教师应积极履行立德树人职责，为研究生树立高尚思想品德和心理健康发展保驾护航。

第二，全方位育人。全方位简单来说就是育人的环境要包括课堂教学、课外实践、校内管理和校外自觉。高校应将专业授课和立德树人理念相结合,在校内落实研究生管理细则,督促学生学习文明规范,在校外持续展开立德树人宣传工作,"见缝插针",将立德树人教育的各方面资源整合在一起,融会贯通。

第三,全过程育人。高校要将立德树人这个素质教育的根本目的融入研究生教育的全过程,主要体现在课程体系、教学过程、评价机制、管理原则和教材选用等方面。在研究生成长成才的过程中,辅导员和导师的育人优势较为突出,二者的工作开展贯穿于研究生求学阶段的始终。因此,要在专业引领的前提下,推进各部门协同育人功能的发挥,实现教学、管理和服务的有机统一。

(三)搭建家校互动同心桥

自党的十八大以来,中央将培育和践行社会主义核心价值观放在重要地位,党中央的高度重视和有力部署,为加强社会主义核心价值观的教育实践指明了努力方向,提供了重要的理论遵循。高校要在社会主义核心价值观的引领下,加强家庭与学校之间的沟通、对接,努力引导好、发展好新时期的研究生心理健康教育工作。

家长对孩子的期望值很高,尤其是研究生家长,他们对孩子的未来有着极高的期望。高校可以利用新媒体平台,让家长准确掌握孩子的思想动态,有问题及时解决。当孩子处于压力之下时,家长应该给予安慰鼓励,当孩子自信高涨时可给予适当的引导。

家长应紧跟时代潮流,快速学习接纳新媒体这个重要媒介,运用微博、微信、QQ等与研究生沟通交流,了解他们的心理状况以及发展方向,及时发现和解决研究生面临的心理问题。

在研究生立德树人教育工作迅速展开的过程中,不但要重视学校发挥的主导作用,更要关注家庭的协同配合作用。第一,高校是开展研究生立德树人教育的主阵地,必须做到全面系统地开展研究生思想观念引领、文化知识传授、价值取向引导以及日常管理等工作。第二,积极调动家庭参与立德树人教育合作,目前来看,研究生阶段学校与家庭的联系在很大程度上趋于无联系,使立德树人教育的合理结构出现了裂痕,导致学校教育工作的低效。因此必须建立起"学校+家庭"协同育人的长效机制,提升学校与家庭之间联系的频率和效率,共同关注各种压力下研究生的学习状态、思想状态和心理状态,促进研究生的健康发展。

(四) 利用新媒体

高校应该将网络信息技术与真实的课堂教学相结合,拓宽网络渠道,采用新手段来教授心理知识。同时,还需要建立专门的针对心理健康教育的网站,整合心理健康教育资源,开展网络心理咨询、心理测验,播放洗涤心灵的电影,采用多种多样的研究生心理健康教育方式。要充分利用移动平台,通过微博、微信、QQ等方式,发挥新媒体快速、方便、及时的特点,使研究生能够参与到教学中来。

教师和学生可以利用新媒体学习最新的心理健康知识,加强教师和研究生之间的交流和互动,以利于教师发现问题时与学生及时沟通并处理,更为有效地展开心理健康教育工作。

高校在研究生心理健康教育问题上要做到与时俱进、锐意创新,不断开辟新途径。研究生渴望自由发展,因此必须从学生的具体实际情况出发,才能使心理健康教育发挥实际效能。高校应把握住研究生的心理变化趋势,从中国特色社会主义现代化建设的需要出发,从研究生的思想实际出发,把时代特征与心理健康教育紧密地结合在一起,把思想政治教育与知识传授紧密地结合在一起,开发"时政教学"模式,通过丰富多彩的活动充分增强研究生心理健康教育的实效性。

(五) 提供必要帮助,积极引导研究生融入社会

加强"三助"(助教、助研、助管)管理,开拓"三助"岗位,为经济困难的研究生提供资助。比如实验室管理员、辅导员和班主任等岗位可以聘请研究生做兼职,在缓解他们经济压力的同时,增加他们与老师及同学交流的机会,培养其组织协调能力、主人翁意识以及人际交往能力。结合暑期社会实践活动,精心设计有针对性的调研课题,如再就业问题、乡村振兴、社区文化建设、食品安全、医疗保险等社会焦点问题的调查研究。组织研究生深入企业、社区、农村开展调研活动,引导他们接触社会、了解社会、服务社会,使他们在全面接触社会的过程中增强主人翁意识,在与不同职业人群的交往中体验生活的苦与乐,在与社会互动中感悟生命的价值,增加心理弹性,提升幸福指数。

第二节　导师在研究生立德树人教育中的角色扮演

在现实生活中,高校进行立德树人的教育者主要包括辅导员和专业授课教师,而研究生则更为特殊,导师成为立德树人教育的重要主体。导师是研究生成长成才的引导者、示范者。

一、研究生立德树人教育中导师的角色特征

研究生的教育者即研究生导师要在新时期沿着正确的政治方向对研究生群体展开立德树人教育,必须做到坚持社会主义核心价值观,坚持优良的教育工作作风,坚决维护学术道德规范以及坚持科学的教育教学方法。导师作为研究生求学阶段的第一责任人,在立德树人教育过程中扮演着多元角色:博学多才的学者、德高望重的师者和能谋善断的管理者。"师者,所以传道、授业、解惑也",但近年来导学关系存在的问题愈发突出,让人不禁思考健康的师生关系应该是怎样一种状态。这个问题其实早在《学记》中就有涉及:"是故学然后知不足,教然后知困。知不足然后能自反也,知困然后能自强也。故曰教学相长也。"教育者不能仅仅局限于传授学生学识,更应该不断丰富和修正自己掌握的专业知识和技能,只有做到教育者自育,才能实现教育者和受教育者相互促进、共同成长。基于此,研究生导师应该具备以下素质。

(一)政治素质过硬

立德树人是我国思想政治教育的根本任务和中心环节,在思想政治教育工作中的地位举足轻重。从事立德树人教育工作的研究生导师群体应普遍具备政治觉悟强、思想觉悟高的特点。研究生导师应以马克思主义中国化的最新成果武装头脑,并使其成为教学工作的指导思想,不断加强自身思想政治素养建设,严格遵守执行国家发布的各种教育政策,成为社会主义核心价值观的坚定信仰者、积极传播者和模范实践者,做到不忘立德树人初心,牢记为党育人、为国育才使命,从而为中华民族伟大复兴培养更多更高层次的、身心健全的、全面发展的科研人才。

(二)师德师风高尚

良好的学风是研究生立德树人教育的重要基础。其中,研究生导师是立德

树人学风建设的主体,也是落实立德树人根本任务的责任主体和实施主体。"德性文化"是中华民族几千年来屹立于世界民族之林的重要支撑。"立德"一词最早出于《左传·襄公二十四年》:"太上有立德,其次有立功,其次有立言,虽久不废,此之谓不朽。"其含义在于树立良好的品德才是一个人的最高境界。一直以来,道德教化都是我国对民众进行教育的主要方法,而道德教化的主体就是教师。师德古来有之,古代就有许多与师德有关的论述,如"师者,教人以道者之称也""师也者,教之以事,而喻诸德者也""智如泉源,行可以为仪表者,人之师也""师者,人之模范也"。在新时代背景下,国家和社会对高校教师这个肩负着培养有理想、有本领、有担当的社会主义建设者重任的群体,有了新的品德要求,即爱国守法、敬业爱生、教书育人、严谨治学、服务社会、为人师表。

良好的师德师风是保证导师落实立德树人根本任务的关键。习近平总书记在北京大学师生座谈会上的讲话中明确指出:"评价教师队伍素质的第一标准应该是师德师风。"[①]高尚的师德师风也是导师在育人过程中的基本特征和基本遵循,导师应该先理解什么是教育,具有高尚的道德情操,并且一定程度上掌握立德树人教育的具体方法,方能为人师表。研究生导师首先并且最重要的就是要遵守教师职业道德规范,爱岗敬业,以学生的全面发展为工作重心,不轻易言弃,不轻易抱怨,言传身教,做好当代高校研究生的引领者;其次,持身守正,秉持严谨的学术态度,坚决杜绝剽窃、抄袭等学术不端行为,自觉维护学术界的公正之风,对学术保持敬畏;再次,导师在教育教学过程中应正确行使权利,防止本该致力于科研的学术界沾染上不良社会风气;最后,导师应关爱学生,导师与研究生之间除了学术交流外,还有生活交流,既是师生关系,又应是朋友关系。

(三)专业知识渊博

每一位导师都是其研究领域的佼佼者,具有相关的知识素养是毋庸置疑的。但要想使研究生立德树人教育取得显著成果,导师除了需要具备与专业相关的理论和实践知识以外,还要具备综合知识素养。其一,导师要系统学习马

---

① 习近平.在北京大学师生座谈会上的讲话(2018年5月2日)[M].北京:人民出版社,2018:9.

克思主义,以马克思主义的世界观和方法论作为教育工作中发现问题、提出问题和解决问题的理论基础,这对于导师顺利开展立德树人教育工作并提高工作效率具有十分重要的意义。其二,导师要掌握一定的教育学、心理学知识,全面了解应如何准确把握学生的心理状况,如何进行德育并且将相关知识灵活应用于立德树人教育中。其三,导师要学识渊博,渊博意指精深、广博,要达到渊博的高度,导师就必须做到博览古今,广泛涉猎文史哲各方面的知识,不断丰富充实自己的知识体系,提高导师个人魅力和感染力,要做到"以文化人"。

(四)心理素质强大

当代研究生导师在科研和生活中也会遇到各种问题,工作、生活各方面的压力都可能消耗导师的精力,如果教育者本身都存在或大或小的思想或心理上的问题,又如何进行立德树人教育和心理健康教育呢? 在这个层面上,就要求导师自身的心理状态要平和、稳定。首先,在项目申报上,不打无准备之仗,增强学术自信。其次,导师可能由于较大的科研压力而对个人生活关注较少,这不仅对其本身的人际关系造成一定的影响,还会导致对家庭成员的关爱不够,因此导师要注意兼顾生活和工作。再次,导学关系失衡是目前立德树人教育中较为突出的问题之一,导师要认识到研究生尚处于工作经验、社会阅历不足的阶段,且都具有个体独特性,因此要积极消解育人过程中由学生引发的一些负面情绪。最后,导师应把重心放在育人这个关键点上,对于同行评议、教学评价等结果性指标评价不要抱有太强的功利心。强大的心理素质是研究生导师必须具备的素质之一,也是教育者自身发展和受教育者成长成才的基本保障。

二、导师在研究生立德树人教育过程中的职责

苏联著名教育家苏霍姆林斯基说过:"一个好的教师,是一个懂得心理学和教育学的人。"导师不仅是研究生的学术老师、生活老师,更是他们的行为参照对象。导师的治学态度、处事原则都会对学生产生潜移默化的影响。因此,研究生导师不仅要做好老师,还要做好导师。做一个好的导师,就是要在科研上有成绩、有成果,能够指导研究生进行高水平的科研,并且在传授知识的同时,关心学生的思想、作风,引导学生在德、智、体、美、劳等方面全面发展,同时,要有良好的品质和高尚的道德情操,以自己的模范行为为学生树立榜样,使学生

受到强烈的感染和熏陶。

"导师责任制"是国内和国际现行且有效的研究生培养的主要方式,在此之前,我国对研究生导师的角色定位经历了一个漫长的探索过程:从中华人民共和国成立初期单纯指导学习研究的"导师负责制",到改革开放初期"业务指导者+关心政治思想成长"的双重属性,再到导师是指导研究生"为人""为学"的重要力量,"导师负有对研究生进行思想政治教育的首要责任",在此过程中导师的角色定位不断丰富提高,成为培养全面发展的高层次人才的"第一责任人",肩负着重大的责任和使命。

为贯彻全国高校思想政治工作会议精神,努力造就一支有理想信念、道德情操、扎实学识、仁爱之心的研究生导师队伍,全面落实研究生导师立德树人职责,教育部于2018年1月17日发布了《教育部关于全面落实研究生导师立德树人职责的意见》,其中明确提出研究生导师要在立德树人教育中切实做到以下几点。

(一)提升研究生思想政治素质

引导研究生正确认识国内国际发展大势,正确认识中国特色和国际比较,正确认识时代责任和历史使命,正确认识远大抱负和脚踏实地;引导研究生树立正确的世界观、人生观和价值观,坚定理想信念,肩负起国家和社会赋予的时代责任,脚踏实地,志存高远,勇做时代的弄潮儿,成为德智体美劳全面发展的高层次高素质专门人才。

(二)培养研究生学术创新能力

按照因材施教和个性化培养的原则,积极参与制订、执行、完善研究生个人培养方案,统筹兼顾研究生学术指导和实践指导,加强学术指导;定期开展师门学术交流会议,线上线下齐头并进,引导研究生明确研究方向和研究方法;利用头脑风暴法激发研究生创新思维,营造良好的学术氛围;培养研究生发现并使用先进科研技术软件的能力,紧跟学术前沿、瞄准学术热点的能力;关注学科交叉融合,扩展研究生学术视野,提高研究生的创新能力。

(三)培养研究生实践创新能力

鼓励研究生积极参与国内外专业实践活动,将理论与实际紧密结合,积极落实学以致用;响应国家政策和学校安排,推动产学研用协同发展;支持研究生参加各层次创新创业大赛,在互动交流、良性竞争中把学术成果转化为实际应用,反之用实际成果促进学术理论创新。

(四)增强研究生社会责任感

引导研究生树立主人翁意识,将国家荣辱放在首位,将社会发展、国家进步和个人发展相结合,在贡献社会价值的同时追求个人价值的实现;支持研究生参与社会实践和志愿服务活动,在为人民利益奋斗的过程中彰显人生价值;培养研究生的家国情怀、大局意识,使之成为"修身、齐家、治国、平天下"和促进国家繁荣富强、可持续发展的践行者。

(五)指导研究生恪守学术道德规范

培养研究生严谨、务实的治学态度和科研精神,以身作则,引导研究生自觉遵守学术道德规范,杜绝学术不端的恶劣行为,自觉维护学术界的纯洁性和严肃性;加强研究生科研伦理教育,坚决抵制反社会、反人类、违反国家法律的科学研究,提升研究生的科研素质;提高研究生知识产权保护意识,尊重他人科研成果。

(六)优化研究生培养条件

根据研究生的培养计划和培养要求,积极为研究生的学习、科研和发展创造有利条件;提供优质的学术资源,包括学术报告、学术交流、最新科研技术、科研成果等;鼓励并带动研究生积极参与各级课题、项目研究,提高动手实践的能力,根据研究生参与的实际情况和主要贡献给予一定的经费和技术支持。

(七)注重对研究生人文关怀

加强人文关怀和心理疏导,及时了解研究生成长环境和过程,做好研究生学习阶段的引导者和管理者,以人为本,以文化人;加强与研究生的日常交流,构建"教学相长"的导学关系,建立良好的师生互动机制;关注研究生的学业、就业、经济、心理压力,提供相应的帮助和支持,保护研究生合法权益,促进研究生身心的全面发展。

第三节 研究生在立德树人教育中的责任担当

主体性(subjectivity)原本是一个哲学范畴,是在西方哲学的人学转向中,由康德、费希特等近代西方哲学家基于对人性的肯定和褒扬而确立的一种哲学范式,具体指活动主体的能动性、自主性、自为性。[①] 20 世纪 80 年代以来,学术界开始出现"主体性教育"的教育理念。"教育双主体"理念则认为教育者与受教育者互为主客体,从施教过程方面看,教育者是主体,受教育者是客体;从受教过程来看,受教育者是主体,教育者则是客体。双方的影响作用是双向的两个认识活动循环圈。研究生作为立德树人教育的另一主体,要与教育者共同推进教育工作的顺利进行,树立主体意识,将专业方向的学术研究与理想信念、价值道德观念相结合,力求在学习与科学研究的过程中既能达到学校人才培养的基本要求,提高学术素养,又能坚持正确的政治方向,成为爱国爱党的高素质科研人才。

心理健康是立德树人的必要前提,每个人的心理健康归根结底还是由自己掌握。研究生的心理健康与否除了受到社会、家庭、学校等大环境的影响外,其本质在于自身能否进行合理调节与自我教育。研究生作为高知群体,不仅社会期望值高,自我期许也是较高的,若在学习、生活中发生不如意,就有可能感觉受到打击。要想提高研究生心理健康水平,提高学生的自我控制、自我教育能力是重中之重。只有个人主动接受,心理健康教育才会起作用,否则外界的努力是没有任何意义的。研究生要对可能发生的问题提前做好心理准备,要有危机意识,并且在面对突发状况的时候积极面对并解决问题,而不只是逃避、焦虑。与此同时,应正确利用网络平台,不受负面消极信息控制,不断提高自身的网络素养。

一、坚定为社会主义现代化建设服务的理想信念

中华人民共和国成立以来,我国在各专业领域培养了一批批在社会主义经济建设、政治建设和文化建设中发挥中流砥柱作用的高层次人才,他们始终把国家利益放在首位,拥有强烈的科研是为了服务于社会的意识。邓稼先,甘当无名英雄,默默无闻地奋斗数十年,在中国核武器的研制方面作出了卓越的贡献。钱学森,冲破重重阻力回到祖国,毅然决然地投入到科研工作中,为我国火

---

① 袁贵仁.马克思的人学思想[M].北京:北京师范大学出版社,1996:103.

箭、导弹和航天事业的创建发展作出了历史性的贡献。这些伟大科学家的事迹都在教导广大青年作为一名研究生、一名学者，要坚定理想信念，在实现中国梦的伟大实践中实现个人价值，书写人生华章！

二、坚持严谨细致的科研作风

良好的科研作风是每位研究生应该具备的基本素养。研究生群体必须戒骄戒躁，在繁重冗杂的研究任务中始终保持严谨细致、一丝不苟，坚决反对科研工作中的投机取巧。在坚定理想信念的同时，剔除心浮气躁、急功近利等消极心态，反对科研团队乃至学术界中粗制滥造、学术造假等不良风气。脚踏实地地记录每一组数据，解决每一个科研问题，认真核对科研结果，反复投入研究过程查漏补缺，只有尽善尽美地处理好每一个环节，才有可能取得重大研究突破，保证最终呈现结果的客观真实性。只有这样，研究生群体才能经得住科研任务的考验、社会的考验、历史的考验。

三、增强朋辈互助的合作意识

团队合作和朋辈互助对研究生科研素养的提高和保持身心健康都发挥着至关重要的作用。加强同门之间的联系和交流是培养研究生合作能力、人际交往能力的有效措施之一，也是帮助研究生解决生活和学习困难的有效措施之一。除此以外，随着学科交叉的出现和国际化交流的深入发展，研究生的生活学习方式更加多元化，学科交叉融合扩宽了他们科学研究的视野，也丰富了他们专业学科之外的知识，国际化交流更是能让他们产生更多创新性想法，体会科研的魅力。研究生群体只有不断地与他人建立联系、团结、合作、互通有无，才能有更多的学习机会。

总而言之，当代研究生群体首先要坚定理想信念，秉持坚韧的奉献精神，为实现中国梦和社会主义现代化服务；其次要坚持严谨细致的科研作风，一往无前地追求真理；再次要增强朋辈互助的合作意识，激发自身潜力，使立德树人教育真正发挥功效。

【案例】

小兰是国内某高校的研究生新生，由于本科学校的硬件设施和师资力量均比较薄弱，小兰在进入研究生学习阶段后对自己的学习和生活规划感到十分困感。第一次与导师交流后,导师及时了解到小兰的现状,针对她面临的现实问题进行积极引导,让她能够尽快融入学习强度较大的科研队伍。"我的导师专注量化研究,对自身和研究生的要求都非常高,开学时要求我们能熟练掌握并运用 stata、SPSS 等数据分析软件,指出这是科研的基础和保障,但我之前并没有接触过此类软件。那时导师科研任务繁重,却没有因为我学术功底不足而训斥我,而是鼓励、帮助我。为了让我能够快速掌握运用数据分析软件的方法,他帮我制订了师门内部的帮扶计划,极大地提高了我的学习效率,导师和师兄师姐的支持也帮助我增强了学术自信。"除此以外,小兰还说:"导师平时非常支持我们在课业之余参加各大高校组织的社会实践活动,通过导师的介绍,我先后参加了喀什、和田、酒泉等地的社会调研,近期还参加了第七次全国人口普查,积累了丰富的实践经验。在完成调研任务返回学校与同学分享的过程中,导师不但肯定了我参与实践活动的积极性,还与我们交流我所到之处的风土人情、历史渊源,使我受益良多。"

小兰在这样竞合的学术环境中迅速成长起来,从开始懵懵懂懂的"学术低能儿"变成了能够独立负责导师一部分课题任务的科研担当。她仍然积极参加专业领域的调研活动、学术交流活动,不断开阔学术视野,丰富和完善自己研究生学位论文的构思。在科研和课程之余,小兰积极向党组织靠拢,向党支部递交了入党申请书,加入了学院的研究生学生会,并且在第一学期的期末报名参加图书馆的义务管理活动。"我之所以能够进步,除了导师给予的鼓励以外,还因为在喀什的那次调研活动中结识了志同道合的人。喀什地区由于村庄之间距离太远,组员四散开来,当时正值高温,又没有交通工具,恶劣的外部条件和不太顺利的调研使我非常焦躁,甚至一度以为自己要以失败结束这段糟糕的实践活动。在奔走间遇到了同组组员,我们又重新分配了调研任务,两两相互帮助,最终才完成任务。后来便保持联系。他们的水平高出我许多,在与他们交流的过程中我逐渐对专业领域的热点议题和高质量期刊有所了解,学术思维也得以拓展。另外,我们还相约寒暑假有机会共同参加社区的公益活动,是周围一点一滴的温暖使我变成了一个善良的人,所以我也要尽可能地以我所学温暖他人。"

课后思考题

1. 导师在研究生立德树人教育中应扮演什么角色?
2. 结合现实,你认为研究生在立德树人教育中还应该发挥什么作用?

夫子循循善诱人,博我以文,约我以礼,欲罢不能。

——《论语》

道德常常能填补智慧的缺陷,而智慧却永远填补不了道德的缺陷。

——但丁

第六章 研究生立德树人教育的策略

第一节 课堂教学在研究生立德树人教育中的作用

教师通过课堂德育发挥课堂教学立德树人主阵地作用。任课教师对研究生影响颇深,硕士生在校期间,要学习十几门课程,每门课程一般三十多个学时,他们与任课教师在一起的时间一般超过五百个学时。因此,任课教师在课堂教学中通过多元视角对研究生进行道德教育是落实立德树人根本任务的主要渠道。

一、思想政治课是立德树人的主阵地

思想政治课是立德树人的主阵地,思想政治课教师进行理想信念教育具有天然的优势:一是专业和理论基础知识扎实,能深入分析问题;二是掌握大量典型案例,讲解生动富有吸引力。但是长期以来研究生思想政治课德育成效不显著,主要原因在于思想政治课脱离了学生的现实需求。习近平在全国高校思想政治工作会议上指出:"思想政治工作从根本上说是做人的工作,必须围绕学生、关照学生、服务学生,不断提高学生思想水平、政治觉悟、道德品质、文化素养,让学生成为德才兼备、全面发展的人才。"[①]研究生德育课程如果能贴近当前社会生活,针对研究生成才和发展的现实需求,就能充分发挥研究生立德树人教育主阵地的作用。

二、学术道德是研究生道德的主要内容

专业课教师是研究生德育的重要力量。专业课教师作为研究生学习阶段的任课教师和未来职业领域的学术同行,针对学术道德和职业伦理方面的教育更具有说服力。

---

① 习近平.习近平谈治国理政:第二卷[M].北京:外文出版社,2017:377.

为了扩大课堂德育的影响力,武汉某高校研究生院组织了几十次研究生德育课堂,从理想信念、学术道德教育到建立和谐的师生关系,基于学生发展需求的德育内容受到师生的热烈欢迎。也可开设学术道德教育必修课程,注重课堂教学的潜移默化。在加拿大,多伦多大学专门的学术道德课程和平时课程中的学术道德教育贯穿整个大学课程体系。学生在学习了学术道德课程后,还要参加专门的学术道德考试。为保障学术道德建设的顺利开展,研究生主管部门和培养单位要营造积极的学术文化氛围,使学术道德教育融入学术管理全过程,以制度化的形式使学生遵守学术道德规范。

第二节　发挥校园文化建设在研究生立德树人教育中的作用

最有效的质量保障是组织内部形成自觉的质量文化。因此,研究生立德树人教育的最高境界是通过质量文化建设引导研究生道德自律。人只有将道德内化于心,才能将道德融于日常行动,真正做到修身内化于心、律己外化于行。研究生既是立德树人的客体,也是立德树人的主体,只有充分认识到立德的功能,才会自觉接受道德规范和约束,并不断提高自身道德修养。文化是组织在发展中形成的行为习惯,具有强大的育人功能。大学校园文化作为中国特色社会主义先进文化的重要组成部分,紧扣时代脉搏,契合立德树人的时代内涵,承担着立德树人的神圣使命。文化育人润物无声,影响深远。

高校应该将立德树人融于大学精神,充分挖掘我国优秀传统文化中的德育资源,组织高质量的道德教育学术论坛,邀请道德模范进校园,弘扬中华民族仁爱、诚信、友善、和睦、自省、公平、正义等优秀传统,营造立德树人的校园文化,引导研究生将立德树人的目标内化于心,外显于学术研究的实际行动,积极践行社会主义核心价值观。

一、弘扬中华优秀传统文化

高校应将中华优秀传统文化中的师道融入对研究生导师的基本素质要求,引导研究生导师以德立学、以德立身、以德施教。在此过程中,应将中华优秀传统文化中的职业规范融入研究生导师的基本职责,将立志教育融入研究生思想政治素质提升中,将诚信教育融入指导研究生恪守学术道德规范中,将仁爱教育融入对研究生的人文关怀中,将因材施教融入培养研究生的学术创新能力中,将家国情怀融入增强研究生的社会责任感中。同时,高校可以尝试通过营造学校环境、完善支持系统两个层面,联合人力资源部门、信息化建设部门、宣传部门、学生工作部门等共同为导师开展工作提供支持,通过提供评价性支持、情感性支持、信息性支持和服务性支持等多维度交叉联合的支持系统,鼓励和促使导师敢于面对困难,积极履行职责。

二、培育良好的师德师风

高校加强研究生导师师德建设必须借助于文化建设,凝心聚气,使立德树人文化成为校园文化的有生力量,让立德树人的文化氛围蔚然成风。一是多渠道、分层次地开展各种形式的师德师风宣传教育活动。高校应开展各种形式的师德师风宣传教育活动,把职业理想、职业道德、学术规范教育以及心理健康教育融入研究生导师职前培养、准入与职后培训、管理的全过程。加大典型宣传力度,大力褒奖师德高尚的教师,广泛宣传模范教师先进事迹,展现当代教师的精神风貌,促进形成重德养德的良好风尚。二是培育崇尚立德树人的校园文化。要将立德树人理念与校园文化建设相结合,以立德树人根本任务为指引,进一步优化育人环境,为研究生导师师德建设提供良好的校园文化氛围。三是努力营造辐射社会的研究生导师师德正能量。加大向社会推介和宣传研究生导师先进事迹的力度,展现高校教师队伍的优良精神风貌,引领社会大众树立尊师重教的新风尚。

第三节　建立健全研究生立德树人教育的科学评价机制

科学的评价机制是推动立德树人顺利实施、保证实施效果的重要手段。立德树人多元主体应围绕立德树人核心内容建立评价标准,在评价机制运行过程中寻求问责功能与改进功能的动态平衡,建立具有多维标准、基于信任、旨在激励改进、适当监督约束的科学评价机制。

一、多元主体围绕立德树人核心内容建立评价标准

关于教师的师德建设问题,在部分教师和管理者眼里,总有错误的认知和定位,即师德建设是一项"看得见"但"摸不着"的务虚工作。因为其成效难以

量化,所以都是"喊得热闹",以至少数研究生导师对师德师风教育充耳不闻,更有甚者对自身的师德师风放低了要求,出现了失范的言行。有鉴于此,高校必须建立一套相对科学合理的评价激励机制,使师德师风可以被科学评价。

评价的有效性来源于指标体系与质量的相关性。建立与质量密切相关的指标体系首先需要确定参与体系构建的多元利益相关者。外部评价和内部评价协调进行是评价有效运行的有力保证。参与研究生立德树人效果评价的主体既包括专家、学者、领导,也包括导师、教师、学生、辅导员、行政领导、雇主、家长等多元利益相关者。因此,研究生立德树人教育评价指标体系应该充分征求多元评价主体的意见,通过问卷调查的形式,让评价主体以多元视角确定研究生立德树人教育考核指标及其权重。其次需要根据立德树人的内容厘清评价的核心内容。研究生立德树人教育的内容包括公民素质教育、学术道德教育和理想信念教育。立德树人的实施主体包括研究生导师、任课教师和行政领导,实施环节包括导师指导、课堂教学、文化育人等。综合评价时应具有多元视角,基于研究生立德树人教育的内容、责任主体和实施环节建立指标体系,如表6-1所示。

表6-1 研究生立德树人教育多维评价标准

主体	评价指标	具体标准
导师	道德水平	具备合格公民素质,遵守学术道德,践行社会主义核心价值观
	立德树人过程	通过榜样示范、个别指导、集体指导等方式对研究生进行道德塑造
	立德树人效果	导师指导对研究生产生了积极的影响,研究生在学术上有较高成就,具备合格公民素质,坚守学术道德,积极践行社会主义核心价值观
教师	道德水平	具备公民素质,遵守学术道德,践行社会主义核心价值观
	立德树人过程	增强公民素质教育、学术道德教育、理想信念教育,分享相关案例
	立德树人效果	发挥课堂教学在研究生立德树人教育中的主阵地作用

续表

主体	评价指标	具体标准
学校	校园文化	校训包含道德教育内容,学校有与道德养成相关的宣传品,师生自觉践行社会主义核心价值观
	实践活动	学校针对研究生立德树人教育组织活动,这些活动对研究生道德养成产生积极影响
	质量保障	立德树人质量保障机制发挥了质量保障的反馈改进功能,具有监督约束的能力
研究生	公民素质	具备合格公民素质
	学术道德	恪守学术道德,不存在学术不端行为
	理想信念	具备坚定的共产主义信念和家国情怀
	道德自律	自觉遵守社会公德、学术道德,践行社会主义核心价值观

二、建立基于信任、致力于改进的立德树人质量保障体系

质量保障旨在通过质量监督对评价对象进行问责并帮助其改进。监督虽然是问责和约束的主要方式,但是由于其具有控制性质而遭到潜在的抗拒。控制会降低人的自主性,基于控制的质量系统会削弱人的内在激励。质量保障不应该局限于系统或技术层面,而应该置于人的内心,要激励教师和行政管理人员共同营造以信任为基础的学术氛围。一般情况下,运用建立在信任基础上的质量保障体系要比持续监督效果好,因为信任会推动承诺的形成。完善的基于信任的质量保障体系更加有效,会降低监控的成本,激励被信任者的内在动机,更具有创新性,且兼具改进功能。因此,研究生教育管理者应该致力于建立基于信任的立德树人质量保障体系,关注如何在保持信任和相对自由的情况下实施立德树人的问责和改进,充分调动立德树人实施主体的主观能动性,发挥内部自评的作用和外部评价的反馈改进功能。

(一)发挥立德树人实施主体自评的作用

大学是有一定自治性的学术组织,建立有效的内部质量保障体系,实现学术自律是保障研究生教育质量的关键举措。自评是个体将自己的工作成果与

理想目标或他人相比以改进实践的活动。学校应每年定期组织教师和学生根据立德树人的目标和指标体系,对自己的立德树人实践活动和效果分别进行分析和评价,参照理想标准进行批判反思,提出改进措施和计划。尊重自我评价的结果是对评价者最大的信任。研究生教育管理部门基于不同主体的评价结果,组织管理者、专家和学生等进行评价,并整理和深度描述评价中发现的优秀案例,建立案例库。同时,研究生院针对立德树人的不同主体,包括导师、教师、研究生确定立德树人先进个人的奖励标准,通过征文对立德树人事迹进行真实、深入、细致的描述,充分发挥立德树人先进个人的榜样示范作用。

(二)发挥评价反馈改进功能

只有实行质量保障制度,持续推进质量改进,才能提高教育的质量。反馈是学习和改进的必要组成部分,反馈的目的在于填补实际绩效和理想绩效之间的鸿沟。反馈功能因学习环境、学习者需求、任务目标不同而有差异,可根据具体情况采取不同的反馈形式。研究生院可对评价中发现的问题进行归类,建立立德树人反馈改进工作坊,分专题与被评价者共同讨论问题的解决方案,充分发挥立德树人评价的反馈改进功能。

三、多元参与,严格执行监督问责机制

尽管控制式的监督问责会在一定程度上削弱人的内在激励,但是必要的监督和问责却是落实立德树人根本任务的基础措施。

(一)严格执行导师动态管理制度

按照立德树人评价标准,定期组织多元主体对导师进行评价,建立以教育行政部门监督为主导,研究生培养单位、学术组织、行业协会和社会机构共同参与的,内外相结合的研究生培养质量督导检查体系,对出现学术道德失范、指导投入不足、师生关系异化等问题的不合格导师要及时取消资格或限期整改,并在全校范围内通报,充分发挥预警和惩戒作用。同时,建立培养质量责任追究机制,促使导师的责任和质量意识不断增强。

(二)持续加强课堂教学过程管理

学生是教育教学活动的主体和对象,对教育教学质量有最直观的感受。学生对质量文化的建构作用主要体现在两个方面:一是对教师教育教学质量的评

价,职能部门和二级学院通过对评价结果的有效利用形成奖惩机制,促进教师改进教学;二是实施学生信息员等制度,学生信息员向学校和相关部门反馈质量信息,推动学校教学工作的改进。在评教指标体系中加大教师育人效果评价的权重、发放针对师德和育人效果的调查问卷,能够强化学生对德育教育的关注和理性评价,反过来促进教师、二级学院、相关职能部门进一步提高教育质量,进而促进立德树人内化于质量文化之中。

高校可成立研究生教学督导组,随时深入课堂按照立德树人标准评价课程教学效果,并鼓励研究生通过网上评教等方式对课堂教学质量进行判断和文字描述,对不合格的教师和课堂教学及时通报批评,必要时停课整改。

(三)不断细化研究生德育评价和管理

将立德树人指标作为研究生评价的重要指标,对于出现学术不端行为、缺乏基本公民素质的研究生,采取一票否决制,必要时取消其学习资格或学位证书。

对于违规的教师和学生只有严惩才能发挥警示作用。严格的监督和约束在一定程度上可以约束多元主体坚守研究生立德树人教育的质量底线。

第四节 发挥研究生主体作用,增强研究生德育的实效性

道德教育不仅是理论教育的过程,更是实践体验的过程。在国家深化高校实践育人机制,推进实践育人制度化、常态化、科学化的背景下,高校应充分利用各种实践教育资源,丰富德育方法、创新德育实践,以促进研究生道德水平的全面提升。

一、引导研究生加强马克思主义理论学习

引导研究生加强马克思主义理论学习,掌握科学的世界观和方法论,坚定在中国共产党领导下走中国特色社会主义道路的理想信念,是立德树人的基础工程和重中之重。马克思主义理论的学习将为学生掌握学科专业知识、发展专业技能等打下深厚的基础。若缺乏马克思主义理论的支撑,任何专业的教育都难以取得理想的效果。因此,要切实将理论学习与专业学习相结合,引导研究生通过理论学习,树立正确的学习信念,把握远大理想和现实目标的关系,提高

自己的学习效率,从而实现自己的成才愿望。

二、鼓励研究生参与公益实践

公益实践作为德育的有效载体,能够使研究生切实体验到服务他人、奉献社会的内在成就感和集体归属感。中央文明委《关于推进志愿服务制度化的意见》中也提出,要把志愿服务的要求体现到学生守则之中,并把志愿服务纳入学校教育,研究制定学生志愿服务管理办法,鼓励在校学生人人参加志愿服务。学校应鼓励研究生积极参与公益实践活动,并提供有效的、多方面的保障和支持。

三、带领研究生进行基层调研

学以致用、知行合一,是研究生教育的价值取向,也是研究生德育的重要使命。培养研究生强烈的问题意识,提升其理论联系实际和解决现实问题的能力,增强其为社会主义服务和为人民服务的道德使命感,是研究生德育的核心指向。人民群众的创造性实践是问题意识形成和进行道德体验最深厚的基础,导师应带领研究生多深入社会基层和民众生活,使他们在调研实践中深化问题意识、改造主观世界、升华道德境界。

四、推动研究生开展专业实习

职业道德与社会责任紧密相关,是研究生德育的重要内容。就现实情况而言,研究生对职业道德的认知和理解往往只限于理论学习和道听途说,而且这些认知和理解还可能会由于个别负面的社会现象和信息报道而带有某些消极的成分,因此如何增强职业道德教育的真实感,是研究生德育面临的现实问题。专业实习是研究生切身体验职业道德要求的主要途径,导师应鼓励研究生在学习期间或自己寻找实习单位,或推荐研究生到相关单位开展专业实习,并对实习过程进行行为指导和道德评估。

五、组织研究生党支部的学习活动

党支部是理论学习的家园。研究生党支部是党在高校的基层组织,其担负着联系团结学生、宣传组织学生、带动影响学生,把党的路线方针政策落实到高校、落实到学生的重要任务。因此,开展理论学习是党支部的重要工作内容。党支部要紧密结合国家大政方针、国内外重要时事,联系思想政治理论课的学习内容,组织党支部的学习活动。研究生党员要起先锋带头作用,加强学习,用中国特色社会主义理论体系武装自己,做一名政治坚定、作风优良、素质全面的优秀学生党员,努力成长为坚定的马克思主义者,并把党的思想和政策传递给非党员同学。

课后思考题

1. 如何发挥课堂教学在研究生立德树人教育中的作用?
2. 如何建立健全研究生立德树人教育的科学评价机制?

吾之与学者相接也,教无不可施。吾则因其所可知,而示之知焉;因其所可行,而示之行焉。其未能知,而引之以知焉;其未能行,而勉之以行焉。未尝无有以诲之也。

——王夫之

教师基于他教导学生的道义上的权利,对学生怀着真挚诚恳的感情,这正是激励学生要实现成为一个好人的志向的生气蓬勃的力量。真正的教育者很少直接对自己的学生说:"你们可要成为好人啊。"学生是从教师深厚而真挚的感情中体会到他的善良用心的。

——苏霍姆林斯基

第七章 构建和谐的导学关系

导师和学生之间的联系,贯穿研究生培养的全过程。与本科大班教学不同,研究生培养过程中,导学关系的和谐程度直接影响研究生的整体培养质量。因此,构建和谐融洽的导学关系,不仅可以防止师生之间矛盾冲突的产生,更是提高研究生教育质量的有效途径。

第一节 导学关系在研究生成长中的作用

导学关系即研究生导师和其培养的研究生之间的关系的统称。研究生在导师指导下完成课程学习、参与课题研究、撰写学位论文,并在此过程中学会做学问、学会做人。导学关系不应仅仅局限于入学后到毕业前的时间范围内,而应当从入学选拔开始,并持续到学生毕业之后。导学关系是否和谐是决定研究生培养成功与否的关键影响因素之一。我国著名的教育学家陶行知曾经说过:"先生不应该专教书,他的责任是教人做人;学生不应该专读书,他的责任是学习人生之道。"良好的导学关系不仅能有效地提高科研工作效率,还可以提升学生的心理满足感。良好的导学关系可以帮助学生进行批判性思考,帮助他们作出正确的个人和学术选择。有证据表明,学生的学业和职业成就与导学关系呈正相关。良好的导学关系不仅能给予学生启迪,提高他们的科研热情,还能使其收获受益一生的师生情谊。

一、提高研究生的科研热情

好的导师不仅能帮助学生提高专业知识和技能,还能给予学生改变生命轨迹的启发和支持。科研工作出成果很慢,如果没有一个好的导师,研究生很难对自己选择的学科专业有深入了解,当然也就很有可能遇到实验失败、发不出高质量文章等难题,最终陷于焦虑之中。好的导师不但能帮助学生了解学科前沿、学习实验和科研方法,作为研究生的重要影响人,在研究生面对失败的时候,导师的开解和鼓励能起到事半功倍的作用,能够帮助学生从失败中站起来,重拾科研热情。

导师应按照因材施教和个性化培养的原则,积极参与制订、完善、执行研究生个人培养方案,统筹兼顾研究生学术指导和实践指导,加强学术指导环节;定期开展师门学术交流会议,线上线下齐头并进,引导研究生明确研究方向和研究方法;利用头脑风暴法激发研究生创新思维,营造良好的学术氛围;培养研究生发现并使用先进技术软件的能力,紧跟学术前沿、瞄准学术热点的能力;关注学科交叉融合,扩展研究生学术视野,提高研究生的创新能力。

小王是一名二年级的研究生,对于导师指导和导学关系,他是这样说的:

我的导师可以说是我的"学术启蒙人",她不仅引领我进入学术殿堂,也经常和我分享她对这个专业的学术热情。她的这种对学术的纯粹追求真的很让我感动,我打算上完硕士研究生继续去读这个学科的博士,我希望日后能成为像她那样的学者,启发更多的学生。

二、促进学生的职业发展

研究表明,良好的导学关系对研究生顺利完成研究训练、形成专业认同意义重大。当前的导学关系,很多还是沿用的师徒制,导师和学生的关系一直可以延伸到毕业以后。学生参加工作之后,在职业生涯中遇到专业难题的时候,还可以向导师寻求专业指导。有的导师为了让自己的学生学术视野更广阔,会带着学生去参加各种学术会议、结识专业领域内的专家,这无形中也为学生毕业后的职业发展打下基础。

除此之外,导师应鼓励研究生积极参与国内外专业实践活动,将理论与实践紧密结合,积极落实学以致用,响应国家政策和学校安排,推动产学研用的协同发展;支持研究生参加各层次创新创业大赛,在互动交流、良性竞争中把学术成果转化为实际应用,再用实际成果促进学术理论创新。

小杨刚博士研究生毕业,进入了一家科研单位,今年是他工作的第一年,关于导师给他的职业帮助,他是这样说的:

我的导师待我就跟亲生儿子一样,进工作单位第一年,导师就一直关心我的科研进展,让我有任何问题都可以和他讨论,真的太感动了。

三、收获受益一生的师生情谊

所谓良师益友，就是指既是优秀的老师，又是对学生有帮助的朋友。有的导师主动关心自己所带的学生，对其在学习、恋爱、就业等各方面都循循善诱，给予了很多指导和帮助，在学生中树立了很高的威信。研究生在成长的过程中面临着很多问题，需要良师益友来帮助自己。如果导师都能做到在日常生活中对自己的学生嘘寒问暖，认真了解学生的欢喜哀愁，就会得到研究生的尊重、喜爱和信任，就会与学生建立起一种良好而牢固的亲密关系。

很多研究生，尤其是博士研究生毕业之后，还经常会与他们的导师联系，在他们的眼里，导师不只是一个给予自己最多支持和专业指导的老师，更是自己的良师益友。导师对自己的诚信相待、平等对待以及谆谆教诲使学生毕业后经常会回想起宝贵的师生情谊。

小孙是一名5岁孩子的妈妈，也是一名教育学博士。她每当谈起自己的导师的时候，都会充满尊敬和怀念：

我上博士的时候，正好是我的孩子刚出生的时候，可以算是双喜临门吧。但是呢，我没有想到博士这么难念（苦笑了一下）。幸好我遇到我当时的导师，她有一个十几岁的女儿。她经常对我说："小孙，我知道你现在既要带孩子，还要读博士，确实很辛苦，我特别能理解，但是我希望你能挺住，如果有任何困难，请随时跟我说，我们一起来克服它。"每当我实验失败、文章被期刊拒绝的时候，我都会特别沮丧，这时我的导师都会心平气和地开导我、鼓励我。我真的非常感激她，我觉得她帮我度过了那段特别难熬而外人又无法理解的日子（有点哽咽）。我现在已经毕业了，但是逢年过节我都会去看望我的老师，我也没有什么可以报答她的，就是经常走动走动吧，她已经成为我人生的挚友和敬爱的长辈。

第二节　导学关系异化的成因

当前的研究生教育中，导师与学生之间的关系在小范围内存在着异化现象，个别导师不再德高望重和令人尊敬，一部分学生也不是一心求学。深刻认识研究生科研训练过程中导学关系异化的形成机理是缓解导学关系紧张的前提。导师与学生的关系是研究生教育教学中最核心的关系，它体现的是导师和学生在互动过程中心理上的联结与反应。

本节我们将从研究生、导师及导学互动层面分析导学关系异化的成因,希望能为建立和谐导学关系提供背景支持。

一、研究生层面

(一) 求学动机多样化

虽然研究生学习期间最根本的任务是探索学术前沿,但是不可否认的是有的研究生的求学动机不纯。

潜心学术科研的学生在学习上投入的时间和精力最多,也最容易出科研成果。他们往往心无杂念地找资料、做实验、分析数据,希望自己的努力能够获得自己预期的成果以及导师的肯定。一般情况下,此类学生容易和导师形成良好的导学关系,导师和学生之间也会互相促进、相得益彰。虽然现实中有极个别的导师会觊觎学生的科研成果,导致勤奋好学的学生心生怨愤,但这确实也是极个别现象。刷学历型的研究生就会出现各种各样的问题。他们抱着刷学历的心态,在学习上投入的时间、精力严重不够,无法保质保量地完成科研任务,面对导师交代的科研任务不是全力完成,而是推诿塞责、怨声载道,难以达到导师的培养目标,导学关系的良性发展存在诸多障碍。

(二) 科研动机功利化

学生的功利主义思想也是导致导学关系紧张的因素之一。科学研究不同于一般的物质生产实践活动,"求真"是其最大的逻辑使命,这就要求科技工作者应该遵循最基本的科研规范和职业操守。1942年,科学社会学的奠基人默顿提出科学家应该遵循普遍主义、公有主义、无私利性、独创性、有条理的怀疑主义等基本规范。其中,在对无私利性的解释中,他认为"从事科学活动的科学家不应该因为对个人私利的追求影响科学事业,科学家不应该以科学谋取私利。无私利性主要不是对科学家行为的一种道德上的要求,而是一种制度性要素"[①]。研究生跟随导师做科研,如果不能坚守科研的本质原则——求真,那么将会失去科研热情,弱化对科研本身严肃性的敬畏感,助长科研功利主义思想。

---

① 曾国屏,高亮华,刘立,等. 当代自然辩证法教程[M]. 北京:清华大学出版社,2005:373.

个别研究生甚至为了获取奖学金、顺利毕业,不惜花钱去发表文章,这就与研究生培养的初衷相违背,也与导师的期望相违背,由此造成导学关系的紧张。

二、导师层面

导师的学术水平、时间投入与行事风格影响着研究生的培养质量,即学术水平影响指导能力,指导频次与强度影响培养质量,师生双方的耦合是学术共同体得以发展壮大的根本动力。导师对研究生的悉心指导是研究生科研水平提高的关键,也是缓和导学关系异化的有效手段。然而,现实情况却是,由于各种各样的原因,部分研究生得不到导师的有效指导。随着研究生招生规模的持续扩大,高校的生师比越来越高,"生多师少"的结构性矛盾越来越激烈和普遍。相关数据表明,每个硕士生导师平均指导 6.5 名硕士研究生,最多的高达 30 名。导师对研究生的指导方式由传统的师徒制演变成班级授课制,导致研究生教育越来越像"本科后"教育。同时,导师自身也有很多科研任务及教学工作,面对如此高的生师比,有的导师难免会有疏忽,对学生的关心和指导不足。

三、导学互动层面

心理契约是阿吉里斯(Argyris)在研究企业与员工的关系时提出的,他认为员工与管理人员之间除了要遵守正式契约规定的规则以外,还有内隐的相互理解与信任,即"心理的工作契约"。组织行为学家沙因(Schein)则认为心理契约为每一组织成员与其组织之间一直都存在的一组不成文的期望,这些隐形的、无明确规定、非正式的协议,依靠双方内在感受与心理期望而达成一致的责任与承诺,产生的效能在某种程度上甚至胜于正式契约。心理契约的内隐性和内化性有助于师生自我管理和约束,提高双方的认知创新能力,而心理契约的违背与冲突将会进一步加剧导学关系的紧张。

(一)导学双方互动欠缺,难以实现心理契约的内隐性

心理契约最主要的特点就是具有内隐性,它是一种来自师生内心深处的、含蓄的相互联结过程,这种联结不需要文字的记录,也不需要语言的交流,因此很容易被导学双方所忽略。一般说来,导学互动交流的频率决定了导学关系融洽的程度。师生双方及时、有效的沟通是达成导学双方心理契约的重要途径。研究表明,经充分互动产生的牢固情感联结有利于营造良好的心理环境,促使

研究生体验到更多的归属感,增强学习和科研的驱动力,由此形成稳定、坚实的心理契约。然而在高等教育大众化的趋势下,一个导师要带多名研究生,没有充足的时间和精力照顾到每一个学生的方方面面,导师和学生之间很难进行频繁又深入的沟通。当导师给学生布置科研任务时,有的学生会觉得是在给导师"打工",很有可能会敷衍了事,上交的成果达不到导师的要求,而当学生向导师请教学术难题时,又会感觉无法从导师那里得到切实可行的指导答案,从而对导师的指导产生不满。

(二)师生双方期望存在偏差,容易引发心理契约的违背

研究生是不断成长和成熟的个体,其需求和能力也在不断变化。因此,作为导师,应该根据研究生不同阶段的特点给予相应的指导,这是维持和谐导学关系的另一重要因素。从导师角度来看,自己的职责就是让学生学会做研究,所以要对他们进行科研训练。而从研究生角度来看,他们可能会随着对研究生身份认识的不断变化而更新他们的需求。比如刚入学的研究生,他们的主要目的就是学习新知识和科学研究方法,经过一段时间的科研训练之后,希望能够参与到导师的科研项目中去,从而锻炼自己的科研能力。因此这一时期的研究生会比较希望导师能给自己安排科研项目,也会主动找导师沟通科研项目的进展情况。而临近毕业的研究生可能更多的是需要积累工作实习经验,完成毕业论文的写作、修改等工作。作为导师,需要摸清不同阶段研究生的现实需求,采用不同的指导方式,只有当研究生和导师双方的期望一致时,才能形成良好的合作氛围,从而构建良好和谐的导学关系。

(三)师生双方地位不平等,忽视了心理契约构建的平等基础

心理契约构建的基础就是导师和研究生的人格平等,而现实中,导学关系的平等性往往会被忽略。受传统的尊师重道思想的影响,导师在导学关系中一直都处于主体地位,而学生处于附属地位,导师和学生很难平等对话。科学研究的本质是追求真理,每个参与的个体都是平等的个体,但是由于导师和学生在资源、资历等方面的悬殊,师生之间的平衡很容易会被打破。师生之间缺乏平等的对话和交流,也就无法达到真正的灵魂交流。

【案例】

朱某是一名二年级的理工类研究生,他上研究生的初衷是想学习科研方法,探索学术前沿,在去学校报到之前还豪情万丈地跟他父母说,他的目标是成为本领域的学术"大牛"。在正式入学之前,导师将他拉入了导师的项目交流群,让师哥和师姐带领他做项目。一开始他觉得很开心,认为导师很器重自己,给自己分派了非常多的任务,是对他能力的认可。可是后来他发现,他做的项目有各个方向的,并不完全与自己的研究方向一致。有的时候,因为赶进度还会通宵完成导师的任务。当然,导师也会给予一定的经济报酬。现在的他非常迷茫,因为导师的任务随时会来,他感觉无法掌控自己的科研计划,慢慢地在沦为学术"打工人"。

朱某一开始有非常纯正的学术科研目的是非常好的,可是当出现一些与自己的规划不符的情形时,应积极主动地与导师沟通,解决现实困境。作为研究生,应该敞开心扉与导师沟通自己的学术兴趣所在,让导师了解自己在做科研过程中的困难;而作为导师,也应该警惕导学关系功利化的危害,关注学生的现实需求,构建和谐的导学关系。

第三节 建立和谐导学关系的策略

一、优化研究生培养机制

研究生培养机制牵扯选拔、过程培养以及结果输出。首先,优化选拔机制,实行导生双向选择原则。在择优录取和双向选择的原则上,合理考虑学生意愿、导师需求以及学校要求这三个方面的权重,建立科学全面的选拔体系,降低学生和导师匹配错位的概率。其次,细化研究生过程培养机制。从纵向来说,分年龄、分阶段、分年级确定不同的培养体系。不仅尊重学生发展成才的规律,也要遵循不同学科的学习规律。根据学生不同阶段的学术水平、兴趣爱好、求学动机确定不同的指导方案,最大限度地开发学生的学术研究潜能。从横向来说,当前硕士研究生分为学术型和专业型,培养单位应针对这两种不同类型的研究生的培养目标和学生特点制订不同的教学计划,学术型应该加强科研训练,专业型应在基础科研训练中融入更多的实习和实践机会,从而满足不同类型研究生的求学动机。再次,应该建立分流机制,建立多样的研究生评价体系。建立科学合理的课程考核机制,同时导师也应该通过评估学生平时的科研表现,遴选出优秀的、适合科研的研究型人才,并重点培养这部分人才的科研能力。对于其他学生,则可以根据其兴趣爱好进行个性化培养。而对于部分考核不及格,又无心下功夫深入研究的,可以进行分流或者淘汰。此外,学校要有计划地加强对研究生导师,尤其是中青年导师的培训,提高他们的人文素养和教学水平,增强导师"化知识为智慧"的能力和说教解惑的能力,使导师在说教的基础上,自觉追求"人师"的境界,促使导师积极了解研究生的人格特征,关心研究生的心理成长,克服重科研、轻教育的倾向,成为研究生的灵魂守护者和人生摆渡人,在思想品德、学术精神、人格修养等方面,成为学生学习的榜样,使研究生在导师的感召下健康成长。

二、增强导师的主体意识与个体自觉

能力越大,责任越大。具有精湛的专业素养,并不意味着就能够成为一名优秀的研究生导师。目前的导师队伍中,大部分教师是因为有专业知识或科研能力被聘用的,而不是因为有教育才能。有的导师科研意识强,教育意识弱,科学素养高,人文素养不足,学术观念先进,教育观念落后,不能因人而异,很难与学生倾心交流,常出现导师恨铁不成钢,学生不领情的现象。立德树人作为导师教书育人的出发点和落脚点,要义就是要做到以德立身。要落实导师立德树人职责,关键在于导师主体意识的觉醒和个体行为的自觉。而导师的主体意识与个体自觉首先在于职业意识的觉醒和对职业道德的自觉践履,亦在于导师自身对教育规律的自觉探索与遵循,导师要坚持专业教育与德育相结合,德育为先的教育理念。

三、加强研究生科研能力培养

加强研究生的科研能力培养对构建和谐导学关系具有重要作用。首先,各研究生培养单位应该加强方法技术类课程建设。我国当前的研究生教育课程重理论教育,轻实践和方法技术的培养。一般说来,研究生课程大体分为公共课和专业课,而这些课程基本上都是专注于学科知识传授与学术前沿探索,实践类的课程非常少,就更别说方法技术类课程了。理工科的研究生还可以借助实验室,通过做大量的实验获得数据从而推导或者验证理论,但文科类的很少有实习实践类课程,都是一些纯理论课程,也很少学习统计方法。如有需要,学生不得不自己花钱去网络上找资源,摸索和学习统计方法,造成时间和精力的浪费。学校如果能从课程建设方面入手,增加实用型的统计类课程,教授学生统计和推导技巧,就会提高学生的科研效率。其次,学校可以和各行业龙头企业合作,搭建实习基地,让学生学以致用,在实践中检验真理。再次,导师应该因材施教,根据学生实际进行有效指导。这里的有效指导指的是根据学生的特点和兴趣爱好给学生布置科研任务,同时根据学生的学术水平制订学生的研究计划。导师给学生定的科研选题不能太难也不能太容易,应该满足学生的最近发展区需求。最后,研究生也应该端正学习态度,时刻谨记研究生的首要任务就是提高科研能力和探索学术前沿。基本上所有研究生都已经是成年人,应该自主制订学习计划,不断调整对自身和导师的期望水平,明确自己的责任,坚持理论学习和科学实践相结合,努力提高自身修养。

四、构建多元化的沟通平台

师生双方的及时沟通与反馈是促进相互信任的关键,是导学关系和谐发展的基石。沟通与反馈可以将隐性的心理期望转化为显性诉求,促进双方统一对权利、义务、责任等概念的认知。

一方面,导师应该构建立体化和多元化的沟通方式,这是加强交流、增进师生感情的关键。在研究生教育阶段,导师最关键的任务不是传授课本知识,而是对研究生的价值引导。所以,在导学关系中占据主导地位的导师应该积极履责,为学生提供多元化的沟通路径和沟通方式,增加与学生的互动。导师指导方式应该由传统的填鸭式转变为民主的阐释合作式,师生双方通过不断地沟通和磨合深入了解彼此的需求和认知,实现合作共赢。另一方面,作为导学关系的主体之一的研究生也应该转变思想,化被动交流为主动交流,将导学关系中的内隐性情绪转为显性诉求。研究生主动向导师请教学术研究、生活或者工作中的难题,会拉近导师和学生的心理距离,提高导学关系的信任度。

五、建立平等且互相尊重的师生关系

不管是正式场合还是非正式场合,互相支持和理解都是维持良好导学关系

的重要因素。当师生就某一研究主题进行探讨时,就拥有平等表达的权利,导师和学生都应该尊重彼此的独立见解,不应总是反驳对方使他人与自己意见统一,而要在尊重他人意见的基础上深层次地思考更多不同见解,在师生互相尊重的前提下推动学术研究不断深入。当然,除了学习层面以外,导师还要在生活层面给予学生充分自由,这不是提倡导师对学生的生活不关心,而是要求导师在指导学生的生活问题时,只需把握方向和原则,不要过于掺杂个人喜好。导师和学生互相尊重对方的专业领域,秉持正确的价值观和合理预期,就不但能够向对方提出中肯的意见,还能虚心听取对方的意见。

六、加强导师对学生的个人支持

研究表明,在学术指导之外,导师对研究生的个人支持同样是构建和谐的导学关系的关键。在这些个人支持中,日常生活中的关心与照顾所起到的效果最为明显,其次是对学生的包容、鼓励与认可。作为一名指导者,导师应当充分熟悉自己的科研团队,以便能够及时发现学生生活、学习中的异常或变动,并给予学生足够的同情、理解与支持,以乐观的态度指导学生面对生活与学术研究中遇到的困难。国内外的研究中都提到"与导师的关系"是影响研究生心理健康的重要因素。特别是在特殊时期,学生在学业(如教学方式改变、研究条件受限等)和非学业(如经济压力、生活环境变化等)方面都面临新的挑战,更需要来自导师的指导。有的研究部门就专为导师在特殊时期该如何为学生提供支持提出建议,尤其针对导师与学生的沟通提出建议。

第一,导师需要与研究生定期沟通。建议导师制订一个明确、全面的沟通计划,解决学生关注的问题,尤其是学业和心理健康方面的需求。导师可以与学生分享自己的沟通计划,既让学生了解沟通会在何时发生,也体现出对学生的关怀。导师还可以通过调查去了解研究生的需求、关心的问题和遇到的困难。但需要注意的是,调查过后不给学生回应也会给学生带来伤害。所以在制订调查计划时也需要为应对学生需求制订计划。

第二,如果导师在与学生的互动中知晓或感受到学生的心理状态可能存在问题,那么导师也可以引导学生到有关职能部门寻求帮助。如果导师对学生的心理状态感到担忧,还可以直接联系学校心理咨询中心,获得更多指导。

给予学生合适和正确的科研指导是导师责无旁贷的责任,但是,对学生个人生理和心理健康的关注也是导师应该注意的方面。一位导师指出:

你要开始关注他们的身体健康,我的意思是你可以这样询问:"我该如何帮助你呢?食堂的饭菜怎么样?与去年比起来你好像体重增加了,你最近还好吗?"……你可以通过关心学生身体健康的方式来让学生感受到你对他的真切关心,这样不仅能拉近与学生之间的距离,还能让你的学生感受到自己被重视、很重要,从而提高科研产出。

课后思考题

1. 和谐的导学关系有什么作用?
2. 导学关系异化的原因有哪些?
3. 如何优化导学关系?

益者三乐,损者三乐。乐节礼乐,乐道人之善,乐多贤友,益矣。乐骄乐,乐佚游,乐宴乐,损矣。

——孔子

爱人者,人恒爱之;敬人者,人恒敬之。

——孟子

第八章　发展良好的人际关系

人际关系是研究生学习与生活的重要组成部分,对研究生的身心健康、学业发展和志向树立都有重要的影响。不良的人际关系会导致研究生产生孤独感、交往焦虑,甚至出现社交回避。人际关系的困扰已经成为研究生出现心理问题的主要原因。因此,关注研究生的人际关系,探讨研究生人际关系的改进措施,对维护研究生心理健康,提高其学习与生活质量,构建美好和谐的高校环境和社会环境,都具有十分重要的意义。

第一节　人际关系在研究生成长中的作用

良好的人际关系是促进研究生心理健康及成才发展的"助推器",不良的人际关系必然会成为阻碍研究生心理健康及成才发展的"绊脚石"。

一、良好的人际关系助推研究生的心理健康及成才发展

良好的人际关系是研究生人格发展和实现全面发展的重要因素。人格不是与生俱来的,而是一个逐渐形成的社会化过程。管理学上有一个非常著名的"木桶原理",即木桶的最大蓄水量不取决于最长的木板,而取决于最短的木板。对于一个人来说,取得成功需要多种能力,其中就包括较强的人际交往能力。所以研究生在成长过程中发现自己人际交往能力的不足时,一定要遵循建立良好人际关系的准则,补上自己的"短板"。

良好的人际关系是促进研究生个体社会化的重要因素。人际交往是个体社会化的必要条件和逻辑起点。只有在人际交往中,我们才能学习和掌握人际交往的知识和技能,个人才能从自然人转变为社会人,并成长为了解社会交往规范的社会人。个体社会化是个体进入社会环境和社会关系中并与之互动而从自然人转变为社会人的过程。个体社会化的过程对于发展中的研究生非常重要,因为顺利完成社会化对研究生的个人发展十分重要。

良好的人际关系是研究生事业成功的基础。孟子谈论战争获胜的因素时说:"天时不如地利,地利不如人和。""天时、地利、人和"中,"人和"是最重要的,无论在古代还是现代,"人和"都是战争获胜的决定性因素之一。事实上,"人和"不仅对战争是重要的,对事业的发展也很重要,从国家到企业,再到个人,要想有所成就,就离不开"人和"。"人和"就包括良好的人际关系。衡量一个人能否取得事业的成功,不仅要看这个人是否有真才实学,是否有做事的能力和素质,还要看他的人际关系是否和谐,人际关系是否顺畅,工作生活中是否能得到别人的认可和接纳。如果我们在学生时代就开始注意培养良好的人际交往能力,就会在步入社会时走得更加顺利。

二、不良的人际关系阻碍研究生的心理健康及成才发展

不良的人际关系影响研究生的社会化程度,改善人际关系可以提高研究生的社会化程度。个体人格在个体社会化过程中逐渐成熟,因此,个人社会化离不开人际交往的支持。只有在人际交往中,个人才能为自己找到合适的平台,获得更多的发展机会,获得社会认可,然后赢得他人的尊重。同样,和谐的人际关系和较强的人际交往能力也将对研究生的自我理解、自我认知和自我定位产生积极影响。当人际关系不佳时,研究生的自我认知和社会认知都会受到影响,甚至会偏离正常轨道,从而影响他们的工作和生活。

不良的人际关系影响研究生事业的发展。只有克服事业发展道路上的各种不利因素,成功地展现个人影响力,发挥个人才能,才能使自己的事业取得进一步发展。如果研究生不具备良好的人际交往能力,或人际交往认知不正确,就会直接影响研究生的交往心态、行为以及研究生的个体社会化过程,最终影响和阻碍其事业发展。

不良的人际关系容易导致研究生产生挫折感。如果人际关系不好,研究生很容易在交流中感到沮丧,在与人交往时感到无助。人际交往能力较差的研究生在陌生的环境中与陌生人交流时,总会感到尴尬、局促和紧张,在人际交往中,也很容易感到被怀疑或被嘲笑。在这种情况下,他们会产生逃避人际交往的想法。即使别人有正确的观点和意见,他们也不愿认同,进而产生各种严重的沟通问题,影响自己的学习和生活。

不良的人际关系会影响研究生综合能力和素质的提高。毋庸置疑，个人能力的全面发展包括其社会关系的全面发展。研究生在学习阶段发展良好的人际关系不仅可以帮助自己提高处理各种矛盾的实践能力，而且可以为将来进入社会打下良好的人际基础。不良的人际关系必然会对研究生的整体素质产生负面影响，进而影响研究生的心理健康与成长成才。

第二节　人际交往障碍的表现及成因

一、研究生人际交往障碍的表现

研究生的人际交往应该呈现出一种相互支持、相互包容的良好状态，以促进学习和学术研究。然而，现实中研究生在人际交往中尚存在一些不尽如人意之处，主要表现在研究生与导师课余交往较少，缺乏有效沟通；同学之间来往较少；恋爱出现问题时不能冷静处理；研究生忽视了与家人的交流，形式大过内容；与社会接触过少。

（一）与导师课余交往较少，缺乏有效沟通

师生关系是高等学校中最基本的人际关系。由于各种原因，现实生活中在一定范围内尚存在师生之间交流频次少、交流时间不足、交流不深入等问题，师生关系有时只是"课堂关系""邮件关系""签字关系"等，疏离的师生关系在高等院校较为突出。师者，所以传道授业解惑。老师教授学生做人的道理和专业知识，为学生解答困惑。研究生导师作为研究生整个学习阶段最重要的负责人，肩负着教书育人的光荣使命。导师是高校研究生接触最多的老师，他影响着研究生学习生活的方方面面。研究生与导师最重要的互动方式就是定期讲课。通过讲课，导师把知识传授给研究生，也会在这个过程中与学生有所交流。但在研究生学习阶段，由于课时少，每位导师通常每周只上一节课，除了正常授课外，研究生和导师的接触和交流非常少，师生之间缺乏必要的交流，研究生和导师之间缺乏理解，彼此之间并不熟悉。导师不能更好地向研究生传授知识和技能，研究生也不能跟随导师进行更多的学术研究或工作实习，更不用说向导师诉说自己的担忧和困惑。

(二) 同学之间来往较少

生生互动是研究生和同学的交流和接触过程。研究生入学前已经形成了相对固定的朋友圈,也已经习惯了现有的社交圈。进入新的群体,同学在各方面都有差异,不同的籍贯、不同的年龄、不同的生活经历与生活习惯等,对研究生之间的交往融合带来一定的影响。研究生习惯与以前的同学朋友接触互动。他们中的大多数人不愿意甚至害怕在短时间内尝试结交新朋友。从入学到毕业,除了同门之外,与其他专业的学生很少接触交流。个别研究生坚持原来的人际圈,不愿意改变,日常交往仅限于几个老朋友,他们不愿意尝试建立新的人际关系,对新同学仅限于点头之交。

(三) 恋爱出现问题时不能冷静处理

校园爱情是一种很美好的情感,积极健康的恋爱关系有利于研究生的心理健康与成长成才,但是如果恋爱发展不顺利,如何处理就显得至关重要了。已经发生的一些研究生恋爱悲剧告诉我们,如果有正确的恋爱观和人际交往技巧,有些遗憾是可以避免的。

(四) 家庭交往形式大于内容

父母和家人应该是研究生最信任的人,但大部分研究生与家人的有效沟通较少。从与家人沟通的方式来看,大部分研究生选择打电话或者网络视频等现代沟通方式,只有一小部分学生(一般是本地学生)可以经常回家见父母和其他亲人。除了寒暑假,学生一般留在学校,和家人接触得不多,往往是报喜不报忧,仅限于比较普通的寒暄问候,而不是将家人作为倾诉对象。可以看出,研究生与家人的交流偏形式化。研究生在生活中遇到问题,第一选择是向同学和恋人倾诉,其次是导师,很少寻求父母帮助。

(五) 与社会接触过少

研究生在学校范围内基本形成了比较成熟的交际圈,他们希望在社会上进一步结交好朋友,但并没有完全融入社会,与社会广泛接触的机会较少。研究生的社会交往正处于萌芽和初步发展阶段,很多时候还不能妥善处理人际交往中遇到的问题,在社会交往中容易出现一些问题。

二、研究生人际交往障碍的成因

(一) 个人因素

1. 人际交往素质欠缺

人际交往素质欠缺是当前研究生人际关系不和谐的主要原因。一位优秀老师曾经总结出素质教育的"十大学会",就是让学生学会做人,学会自律,学会思考,学会学习,学会欣赏美,学会乐群,学会创造,学会生活,学会健身和学会工作。[①] 德国教育专家雅斯贝尔斯指出:"谁要是把自己单纯地局限于学习和认知上,即便他的学习能力非常强,那他的灵魂也是匮乏而不健全的。"[②]

人的生存和发展往往离不开人际交往。人际交往是一种在人的成长过程中需要发展的一种社会能力和基础素质。人际交往素质是一个人的基本素质之一。人际交往素质主要包括人际感知、人际交往技能、人际交往能力、人际交往道德、人际交往心理。拥有优秀的人际交往素质是建立良好人际关系的基础,良好的人际关系是人身心健康和事业成功的基础。建立和谐的人际关系是判断研究生人际关系质量的标准之一,也是其能够保持健康心态、顺利完成学业的重要保证。

2. 生源背景差异化

近年来研究生教育蓬勃发展,在校研究生背景呈现多元化趋势。他们的年龄跨度比较大,从二十多岁到已过中年。有"从学校进入学校"的应届本科生,也有工作多年的研究生,有的已经结婚生子;有的来自城市,有的来自农村;有的是独生子女,也有的有很多兄弟姐妹。他们的生长背景、社会经历、生活习惯、工作经历、性格等方面都有很大的差异。这些差异成为研究生产生人际关系障碍的重要因素之一。

3. 自我意识较强

研究生属于受教育程度高的群体,具有强烈的独立意识。他们一般学习成绩好,很容易形成心理优势,潜意识里认为自己比别人更有能力、更优秀。不知

---

① 杨暄.素质教育的真正内涵究竟是什么[N].人民日报,2005-10-31.
② 雅斯贝尔斯.什么是教育[M].邹进,译.北京:生活·读书·新知三联书店,1991:4.

不觉中,可能会表现出以自我为中心的特点。另外,研究生的学习方式也比较特殊,不再像高中生和本科生那样以班级为单位,大部分时间是在实验室、图书馆单独写论文,集体活动较少。在这种特定的环境下,他们容易养成以自我为中心的习惯,更多地关注自己。研究生这种自我倾向也体现在喜欢自己处理事情,不愿意依靠他人,尤其是家长和老师。他们一方面认为和长辈有代沟,另一方面则是怕父母担心,怕老师对自己有不好的看法。

(二)家庭因素

家庭教育是一切教育活动的基础。研究生家庭教育的质量直接影响到他们的人际交往。父母是孩子的第一任老师。苏联教育家马卡连柯说过:"家庭是最重要的地方。在家庭里面,人们初次向社会生活迈进。"良好的家庭教育能让人在不知不觉中形成正确的人生观和价值观。在日常生活中,在与父母相处的时刻,孩子可以在父母的榜样示范中获得潜移默化的教育。反之,不好的家庭教育也会对孩子的成长产生负面影响。家庭教育是启蒙教育,对一个人的性格和心理发展有着不可估量的影响。然而,有些家庭没有采用正确的方法来教育孩子。很多父母对孩子比较关心,但缺乏品德教育,盲目溺爱,忽视管教,导致有些孩子存在自私、傲慢、任性等不良品质,不利于良好人际关系的建立。

此外,一部分研究生的家庭经济状况不太乐观,学生会为必要的学习生活费用苦恼,心理负担沉重。对于家庭经济困难的学生来说,本科毕业后选择继续读研无疑会给家庭造成经济压力。他们会对父母产生愧疚,会在学习上更加努力,同时,经济上的窘迫也可能让他们产生自卑甚至自闭的心理状态,对周围老师、同学的言语和态度过于敏感,不利于良好人际关系的建立。

(三)高校因素

目前很多高校的研究生教育都是按照一个基本相同的方案进行,培养目标没有针对性,缺少对研究生人际交往方面的相关培养要求。研究生的培养计划中有对课程、学分、课时的要求,有参加实习、发表学术小论文的要求,有对毕业论文的要求,却缺少与人文关怀相关的软性要求。

按照教育目的来看,公共课是引导研究生积极向上、健康发展的必修课,是具有重要意义的。一个好的公共课老师,在传授知识的同时,更能给研究生指引正确的方向,是学生的心灵医师,对于培养研究生的综合能力有很大的作用。

但是，实际上，不少研究生都认为公共课除了考试通过后拿到学分，对自己没有多大用处，更多是为了上课而上课。大部分公共课老师都是按照既定的教材内容进行授课，内容枯燥、形式单一，不能将研究生学习和生活中遇到的实际问题与授课内容相结合，课程对学生没有吸引力，这使公共课的作用大打折扣。

目前，很多高校的心理辅导机构，没有效地帮助研究生解决实际问题。一些研究生对学校的心理辅导机构和就业指导机构了解很少，甚至不知道学校还有这样的组织机构。人际交往有障碍的研究生，往往都存在一定程度的心理问题，如果高校能设立真正有效的心理辅导机构，就能及时解决研究生在人际交往中遇到的问题。只有心理素质好、善于交往的研究生才能更快更好地适应和融入社会。此外，研究生阶段各种针对研究生的社团和校园活动较少也是研究生人际交往面狭窄、人际交往能力不能得到有效锻炼的客观因素。

第三节　如何建立和发展良好的人际关系

良好的人际关系的形成与家庭引导、学校教育模式、导师培养方式等都有一定关系，但归根结底需要研究生自己去努力。研究生应努力建立积极的心理机制，努力培养独立科研能力，增强社会适应力，发展自身特长，积极参加社交活动，不断提高自己的人际交往能力，建立和发展良好的人际关系。

积极心理学强调人的潜能激发。事实上，每个人都拥有积极的品质，不同于一般事物的是，人的积极品质不是在任何情况下都能自发地表现出来，它需要我们对现实场景的感悟、理解和表达，这种属性是在不断地博弈中成熟和强大起来的。

一、建立积极的心理机制

消极是人性中的一部分，但仅仅是一部分。积极的心理机制不仅有利于研究生发现人性和环境中的美好和优势，更是研究生顺利完成学业的有力支撑。因此，高校应在研究生阶段开设积极心理学的相关课程，推荐积极心理学的相关书籍、影像资料，引导学生掌握积极心理学的相关知识，从而建立积极的心理机制。积极心理机制的建立有利于研究生内心世界的平衡，有利于他们更加全面地理解自我。

二、培养独立科研能力

参与科研是研究生阶段与本科阶段的显著区别,研究生教育的内涵式发展是指更好地服务于国家战略布局,满足社会需求,强化创新引领,实现研究生教育与社会经济发展需要的同频共振。科研能力不仅是衡量研究生培养质量的关键指标,也是研究生个人价值实现的重要表征,直接影响个体的心理感受。培养研究生独立的科研能力是研究生成长发展的关键环节,这既需要学校为研究生创设良好的科研环境,也需要指导教师耐心、细致的指导,更需要学生饱满的学术热情和不懈的深度探究。研究生的培养目标中很重要的一点就是培养学术能力,这就要求研究生必须认真学习。高校的学习资源很丰富,既有博学多识的教授、学者,又有馆藏丰富的图书馆。研究生必须要多学习,多跟导师做课题,多参加学术活动,自觉培养独立科研能力。

三、增强社会适应能力

人的本质并不是单个人所固有的抽象物,它是一切社会关系的总和。社会发展程度越高,人与人、人与社会的关系就密切、越复杂。研究生之所以心理问题频发,社会适应能力不足是原因之一。良好的人际交往能力是社会适应能力的重要内容,其本身也是一个能产生特殊效果的积极因素。在人际交往中,彼此的利益想法得以表达,各自的愿望得以满足,人们享受着交往带来的愉悦。但是,人际交往的过程中充满各种不确定性和复杂性,常常让置身其中的个体无所适从。研究生应当正确认识自我,认识自己与导师、同学以及合作者的相互关系,恰当进行公开表达,获得周围人的悦纳,增强社会适应能力,从而建立良好的人际关系。

四、发展自身特长,积极参加社交活动

参与体育活动不仅能增强人的身体素质,同时,有利于构建和谐的人际关系,提高个体的受挫能力,培养竞争意识及合作精神。心理学研究表明:参与体育活动对人的心理健康有积极作用,能有效减轻心理压力,消除紧张情绪,提高人的心理素质。研究生阶段,不少学校已经取消了体育课程的设置,这与研究生阶段学生生活和学习的特点有关。但从实际情况来看,主动参与体育锻炼的

研究生总体数量偏少,且锻炼的项目偏向跑步这一形式,这明显不利于研究生群体的身心健康。因此,体育课程有必要重新纳入研究生课程体系中来。不同于本科阶段体育课程的是,研究生阶段的体育课程设置可以参照俱乐部的形式,运动项目和时间自主,便于研究生根据个人兴趣和时间参与体育锻炼。同时,研究生也可以在课余时间选择自己喜欢的活动,例如唱歌、跳舞、书法、主持等,并选择自己最感兴趣的一项发展为特长,凭借这一特长,可以积极、自信地参加一些学校俱乐部活动或社交团体活动,以结识更多的人,扩大交际圈,并提高自己的人际交往能力。

五、加强与家人之间的交往

生理上的成熟并不意味着心理上的成熟。许多研究生虽然年龄已经不小,知识储备也很深厚,但却缺乏社会经验,缺乏解决问题的能力。他们往往认为自己可以独立,不愿意与家人交流,特别是面对一些麻烦和困惑时。实际上,研究生应与家人保持定期联系,经常与家人谈论在校园中遇到的问题,以在家人的帮助下尽快解决问题。

六、与同学建立良好的人际关系

朋辈之间往往有着相同或相近的生活经历、学习体验,彼此之间能够进行良好的沟通。一方面,朋辈间要加强生活上的互帮互助。朋辈之间容易产生共情,能够深入理解彼此的处境,通过相互倾诉、鼓励、帮助,容易带来积极的影响。另一方面,朋辈间要加强科研上的合作和分享。科研是研究生共同面对的挑战,朋辈之间应加强相互间的交流和学习,可以采用学术沙龙的形式,通过线上、线下相结合的方式,探讨科研问题、切磋研究思路,同时也鼓励朋辈间组建科研团队,共同研究相关问题,推动形成积极的科研氛围。研究生应主动与同学沟通,珍惜同学之间的友谊,并建立良好的人际关系。地区差异和不同的生活经历不应该成为障碍,而应看作了解地区习俗和增加社会经验的一扇门。研究生应养成换位思考的习惯,首先要让自己接受和认可他人,以实现相互尊重、理解和包容。

七、主动与导师交往

目前,大部分高等院校都是一名研究生导师要带多名研究生,且导师也有很重的科研任务,部分导师还要负责行政工作。因此,研究生应该在了解导师辛勤工作的基础上,主动学习并加强与导师的交流。首先,主动学习咨询。研究生在学习中遇到困难和困惑,应该及时向导师咨询,这样不仅可以及时解决知识问题,而且可以养成良好的学习习惯。研究生导师是博学多才的学者,他们可以针对学生的问题,提出针对性意见,对于研究生来说,课后问导师可能比课堂中收获更多。其次,主动参与学术研究。导师一般都忙于学术研究,如果研究生愿意帮助分担,导师是非常高兴的。研究生应主动与导师沟通,表达想帮助导师并尝试学术研究的愿望。再次,积极寻求帮助。在社会转型的特殊阶段,研究生面临着来自学校、工作、家庭等各个方面的压力,会遇到许多问题。遇到问题时,研究生应主动与导师沟通,具有丰富生活经验的导师会及时提供思想指导,并及时采取行动,避免学生误入歧途。良好的师生人际互动不仅有利于学生的心理健康,还能促进学生科研水平的提高,使研究生能够更好地为我国社会主义现代化建设添砖加瓦。

课后思考题

1. 简单阐述良好的人际关系对研究生心理健康及成才发展的重要性。
2. 当前我国研究生面临的人际关系问题有哪些?
3. 结合自身谈谈,研究生应如何建立和发展良好的人际关系?

唯有民魂是值得宝贵的，唯有他发扬起来，中国才有真进步。

——鲁迅

古往今来人们开始探索，都应起源于对自然万物的惊异。

——亚里士多德

第九章　培养多元的兴趣爱好

兴趣爱好是一种乐意参与的心理倾向,也是人们接收外来信息、探索未知世界的内在动力。兴趣可以使人们对某些事物优先给予注意,并带有积极的、自发的情绪色彩。兴趣是价值观的初级形式,也是人们用来评价事物好坏的一种内心尺度。爱因斯坦说过:"兴趣是最好的老师。"的确,兴趣爱好是人们认识世界的巨大动力,它使人的智力得到快速发展,眼界得到开阔,并使人善于适应环境,对生活充满热情。可见,兴趣爱好对人格的形成与发展起着巨大作用。

第一节　兴趣爱好在研究生成长发展中的作用

一、概念界定

兴趣是指个人对特定的事物、活动等所产生的带有倾向性、选择性的态度、情绪、想法,和个人爱好意思相近,但含义不同,它更强调一个人力求认识某种事物或从事某种活动的心理倾向。[1] 例如,一些体育迷,一谈起体育便会津津乐道,一遇到体育比赛便想一睹为快,对电视中的体育节目特别迷恋,这就是对体育有兴趣。一些京剧票友,总喜欢谈京剧、看京剧,一提京剧就来劲,这就是对京剧有兴趣。中华奇石馆馆长李文科说:"打锣卖糖,各爱各行。"就是说人们的兴趣是多种多样、各有特色的。在实践活动中,兴趣能使人们工作目标明确、积极主动,从而能自觉克服各种艰难困苦,获取工作的最大成就,并能在活动过程中不断体验成功的愉悦。[2]

兴趣是在需要的基础上,在社会实践的过程中形成和发展起来的,它反映人的需要,成为人们认识事物和获取知识的心理倾向。一个人只有对某种客观

---

[1]　车文博. 心理咨询大百科全书[M]. 杭州:浙江科学技术出版社,2001:30-50.
[2]　徐少锦,温克勤,王小锡,等. 伦理百科辞典[M]. 北京:中国广播电视出版社,1998:20-43.

事物产生需要,才有可能对这种事物发生兴趣。例如,一个人感到学习知识很有必要,才会有学习知识的要求,然后产生学习知识的兴趣。皮亚杰指出:"兴趣,实际上就是需要的延伸,它表现出对象与需要之间的关系,因为我们之所以对一个对象发生兴趣,是由于它能满足我们的需要。"但需要不一定都表现为兴趣。例如,人有睡眠需要,但并不代表对睡眠有兴趣。①

在日常生活中,常把兴趣和爱好作为同义词使用,实际上二者既有联系又有区别。爱好是在兴趣的基础上发展起来的,爱好的事物必定是感兴趣的事物。兴趣只是认识的倾向,当它进一步发展为从事某种活动的倾向时,才成为爱好。爱好是活动中的倾向,是与活动紧密相连的。一个人对小说感兴趣,仅仅表现在阅读方面,当他积极从事写作活动时,就转化为爱好。②

二、兴趣的分类

人的兴趣是各种各样的,可以按不同的标准分类。

(一)物质兴趣和精神兴趣

根据兴趣的内容,可以把兴趣分为物质兴趣和精神兴趣。物质兴趣主要是指人们对舒适的物质生活(如衣、食、住、行等)的兴趣和追求;精神兴趣主要是指人们对精神生活(如学习、研究、文学、艺术、知识等)的兴趣和追求。儿童时代更多是对物质的兴趣,青年以后,精神兴趣得到发展,开始对文学、艺术等感兴趣。研究生的人生观和世界观尚未完全形成,无论物质兴趣还是精神兴趣都需要师长进行积极引导,以防止物质兴趣方面的畸形发展和精神兴趣方面的消极发展。

(二)直接兴趣和间接兴趣

根据兴趣的倾向性,可以把兴趣分为直接兴趣和间接兴趣。直接兴趣是指对活动过程的兴趣。例如,幼儿园的孩子对游戏有极大的兴趣,他们喜欢游戏过程带给他们的快乐,而很少去注意游戏的结果。间接兴趣主要是指对活动所产生的结果的兴趣。有的研究生喜爱英语口语,当发现自己能和外国朋友自如

---

① 李迎春. 心理学[M]. 北京:北京希望电子出版社,2014:26 – 73.
② 李迎春. 心理学[M]. 北京:北京希望电子出版社,2014:32 – 48.

地对答时,他会对自己取得的成绩表现出极大的兴趣。直接兴趣和间接兴趣是相互联系、相互促进的。只有把直接兴趣和间接兴趣有机地结合起来,才能促使个人发挥自己的积极性和创造性。

(三)短暂兴趣和稳定兴趣

根据兴趣持续时间的长短,可以把兴趣分为短暂兴趣和稳定兴趣。短暂兴趣持续的时间短,往往产生于某种活动,又随着某种活动的结束而消失。稳定兴趣具有稳定性,它不会因活动的结束而消失。只有短暂兴趣而没有稳定兴趣,最终将是一事无成;只有对某种事物的稳定兴趣,而没有对其他事物的短暂兴趣,人生也会过于单调。因此,人既要有短暂兴趣,又要有稳定兴趣。

三、影响兴趣爱好的因素

父母的兴趣爱好会对孩子有直接的影响,所以父母的培养和引导对孩子养成积极的兴趣爱好至关重要。父母的表现直接影响着孩子的表现,在孩子的眼里,父母就是他们的榜样。例如,戏曲世家、书法世家等,都是源于父母及亲属对孩子的兴趣的引导。孩子从小耳濡目染,他们的兴趣也就被确定下来。

外部环境对兴趣有着极其重要的影响,周围的风气会影响人们的审美情趣,从而潜移默化地影响人们的兴趣爱好。长期处于一种特定的兴趣爱好氛围中,一个人的兴趣就会随之改变,身边人的行为与思想也会以一种不自觉的方式投射到个人身上,激起个体对特定事物的爱好。

四、兴趣爱好的作用

兴趣爱好不仅是在学习、活动中发展起来的,而且也是人类参与各种活动的巨大动力。它可以使人的智力得到开发,知识得以丰富,眼界得到开阔,并会使人善于适应环境,对生活充满热情。

兴趣爱好对一个人的个性形成和发展、对一个人的生活和学习有巨大的作用,这种作用主要表现在以下几个方面。

第一,对正在进行的活动起推动作用。兴趣爱好可以使人集中精力去获得知识,并创造性地完成当前的活动。丁肇中教授就曾经深有感触地说:"任何科学研究,最重要的是要看对自己所从事的工作有没有兴趣,换句话说,也就是有没有事业心,这不能有任何强迫。……比如搞物理实验,因为我有兴趣,我可以两天两夜,甚至三天三夜在实验室里,守在仪器旁,我急切地希望发现我所要探索的东西。"

第二,促进创造性思维的发展。兴趣爱好会促使人深入钻研、创造性地工作和学习。就研究生来说,对一门课程感兴趣,他就会刻苦钻研,并积极发展创造性思维。

第三,兴趣爱好是课堂教学的延伸,它对学生的非智力因素的培养有着积极的作用。非智力因素是指人的个性心理品质,如情感、意志、兴趣、性格等。非智力因素对教育教学工作有着不可低估的作用。课堂教学是实施素质教育的主渠道,但四十五分钟课堂教学在时间和空间上有一定的局限性。课外的兴趣爱好则不同,它可在丰富的课余时间使学生的个性、才能得以施展,能力得以提高,愉悦感、成就感也就油然而生。良好的情趣和情感体验会增强学生坚持不懈的意志品质,并使之产生一种乐于艰苦奋斗的积极行为。研究生一般独立意识和自我意识较强,喜欢干自己喜欢干的事。兴趣爱好恰恰能满足青年学生的心理需求。高校要利用兴趣爱好进一步激发学生的进取心、求知欲,开发他们的内在潜力,使他们热爱学习、渴望求知,并且通过课外兴趣活动丰富学生的业余生活,发挥他们的个性和才能,使他们热爱生活,喜欢忙碌而讨厌闲散。组织者应注意在活动中强化兴趣,培养学生的创造性个性品质。兴趣爱好是学生根据自己的需要选择的活动,深受学生的喜爱,学生必然以积极乐观的态度和饱满的情绪全身心地投入。兴趣爱好对消除学生的心理障碍可谓良丹妙药,它能够表现学生的个性,使创造性个性品质逐步形成。此外,兴趣的多层次、多样性和它极强的综合性,又使学生在活动中形成健全的人格。健全的人格往往又是一个人生活幸福和事业成功的关键。兴趣爱好能使学生正确地认识自己,并在学习、生活、工作中扬长避短,消除盲目的自满情绪和自卑感,在学习与工作中胜不骄、败不馁,拥有顽强的信念和良好的素质。

第四,兴趣爱好为学生的社会化提供机会。研究生在学校主要是以学习为主,接触社会的机会较少,这在一定程度上限制了他们社会化的进程,对他们的健康成长是不利的。引导学生发展与社会实践方面相关的兴趣爱好,可以扩大其交际范围,使其正确地认识社会、了解社会、亲近社会,从中体味社会的美好和生活的快乐,锻炼他们的应变能力和交往能力。

第二节　研究生可以培养哪些兴趣爱好

一、跑步锻炼

跑步是一项古老的运动,跑步时双脚不会同时接触地面的特点,使跑步比快走更消耗热量。跑步能强身健体,坚持长跑的人每天都有一小时左右的时间眼睛直视远方,这能让眼睛很好地放松休息。能每天坚持跑步,眼睛近视的概率会降低。研究生的学习压力较大,像研究生这样经常坐在电脑前的人颈椎、肩部或多或少都会有一些问题。正确的跑步姿势要求背部挺直放松,长期坚持会让颈椎及肩部的不适有很大改善。坚持跑步会使锻炼者拥有强大的心脏及心血管系统,使各个器官的工作效率大大提高。同时,跑步可以改善心情,让人忘掉烦恼,更加愉悦。跑步时会把注意力集中在跑步及周边的风景上,对生活中的压力和烦恼也会不那么在意,只专注于享受跑步的畅快。

二、练习书法

写一手好字,会被许多人羡慕。练习书法,凝心聚力,锻炼自己的心神,也是一种好的兴趣爱好。练习书法的人需要通过观察、分析各种笔画的写法,来完成每一个字的书写。如果坚持练习,作者的观察能力、分析能力都将得到发展,进而养成细心、注意力集中、冷静、坚持不懈的品质。郭沫若先生认为,应该把字写得很好,很有规律,很干净,很容易辨认。养成这样的习惯是好的,可以让人变得细心,容易集中注意力,善于照顾人。汉字是一种负载信息的书面符号,其实,汉字也是一种文化,因为汉字充满智慧和几千年来中华文化的精髓,也能体现民族精神。练习书法,更是一种陶冶情操的爱好,非常建议一些"急性子"的同学练习书法。

三、潜心阅读

在忙碌的生活中,找一本自己喜欢的书籍,以一种最为舒适的姿势,陶冶自己的情操,想想都感到舒适。读书的好处有很多,它可以开阔视野。课外阅读可以让学生不出门便知天下事。阅读是一种巩固学习成果、丰富知识的有效手段。学生通过课外阅读,可以使自己的思想和境界得到洗涤和净化,也为自己树立远大理想打下深厚的基础。阅读可以培养气质。多读书的人,他的言谈举止会显露出一种气质,这种气质将会伴随他的一生。读得万卷书,所接触的层面就会比较广,在与人交谈时就会更加自如。读书,就好比打磨玉石的过程,读的书多,研究生的接受能力就会增强,在一些较难的学习领域,就能更好地理解与学习。阅读可以提升写作能力。读书不仅可以使学生开阔视野,增长知识,培养良好的自学能力和阅读能力,还可以进一步帮助学生巩固课内学到的各种知识,提高他们的认知水平和写作能力。阅读可以开发智力。读书多的人,当他思考问题时,丰富的阅读经历会帮助他更深刻地理解问题并解决问题,因此他的钻研能力就会相对提高很多。阅读可以培养表达能力。读书多的人,接触各种书籍,对于书中人物的言语、行为,他会思考为什么这么说、这么做,这样一来,他的思考能力、解读能力得到培养,表达能力就自然得到提升。阅读可以提升交际能力。读书多的人,表达能力强了,那么他在人际交往过程中,就可以与人进行更有效的沟通与交流,从而提升交际能力。阅读可以减压。无论在工作中、个人交际中,还是日常生活中承受多大的压力,当沉浸于一个好的故事时,压力就会有所减轻。一本好的小说可以带人进入另一个境界,而一篇迷人的文章将会分散读者的注意力,让他享受此刻,忘记压力。

四、外出旅游

旅游可以使人的身心接受一次美好的洗礼。现代社会,噪音、大气污染等给人们的健康带来了许多不良影响。到大自然的怀抱中去,享受新鲜空气,欣赏青山绿水可以使身心得到彻底休息。

俗话说:"见多识广。"旅游是个"流动的大课堂",我们在旅游中能看到各种稀奇的东西,能听到许多奇闻逸事和民间传说,也能尝到天南海北的名菜佳肴和风味小吃。旅游中,不但要饱眼福,也要饱口福。"吃在旅途"很值得回味。旅游可以增强体质。旅游,顾名思义,就是旅行游览的意思,这说明旅游中包含着运动,可以说,旅游不知不觉给人带来了一次锻炼身体的机会。

当然,还有很多兴趣爱好这里都没有列举出来,如绘画、攀岩、游泳等,有人会说学习也是一种兴趣爱好。兴趣爱好的种类与内容是随着人的发展不断变化的,有的爱好是长期的,有的爱好是一时兴起的,但只要大家坚持自己的兴趣爱好,一定可以有所收获。

第三节　如何培养兴趣爱好

一、加强引导,促进学生自主培养兴趣爱好

高校应在进行新生入学教育时,告知学生研究生期间没有课程的自由时间较多,引导学生合理安排自由时间,培养兴趣爱好,更合理地安排生活,结识更多新朋友,减少进入新环境的孤独感。鼓励学生积极参加社团活动和各类社会实践活动,合理利用书籍、报刊、微博、公众号及各类新媒体等渠道接触新鲜事物,激发好奇心。在入学时的心理测试中,适当加入兴趣爱好测试题,帮助学生了解潜在兴趣爱好点,合理利用校园大数据,帮助学生认知兴趣方向。同时,结合职业生涯规划课程,指出培养兴趣爱好对综合能力提升的重要意义。

二、规范学生社团发展,提供兴趣发展平台

大学校园社团的出现和发展丰富了研究生的学习生活,为同学们提供了交友平台,不同学院的学生可以在社团就某一感兴趣的事物进行交流研究。但社团毕竟一般由学生自主管理,在一定程度上存在发展不足、管理有缺陷和不规范等缺点。为更好丰富研究生生活,助力学生更好地培养兴趣爱好,学校可以通过团委等相关部门,在社团的组织和管理规范性上提出明确要求,并为各类兴趣社团的规范发展提供必要帮助、指导和政策支持,在条件允许的情况下,可以提供一些资源支持。社团可在自我管理的模式中,加入教师指导模式,学生可结合自己的需求,向指导老师请教,导师结合具体情况进行针对性指导,并在思想上给予激励和肯定,减少学生在探索过程中不必要的受挫和精力消耗。

三、发挥课堂主渠道作用,培养学生与专业相关的兴趣爱好与创新能力

教师应在日常教学中鼓励学生发现自己的兴趣爱好,并引导学生结合兴趣爱好创新与创造,最大限度地发挥自己的想象力与创造力。首先,教师在日常教学过程中的积极情感传达(如成就感、自豪感、满足感等)和教师的引导很大程度上会影响学生兴趣爱好的培养。导师与授课老师是学生培养与专业相关的兴趣爱好的促进者。其次,教师可以利用具体的情景来激发学生们的好奇

心,可以促进学生在潜移默化的学习中形成活跃的创造性思维、创新能力、研究能力和稳定持久的兴趣动力。

四、合理利用各类平台,促进兴趣爱好的"产学研"结合

学校或者学院可以利用现今发展迅速的自媒体、网络等研究生较为容易接受的传播工具与媒介,促进研究生积极养成健康、有益的兴趣爱好;可以举办比赛、论坛、成果展示等活动,针对学生不同方向的创新性和创意性,为具备一定竞争力的学生提供指导,组织学生积极参加创新创业大赛及各类型的竞赛,促进兴趣转化为具有实践意义和能创造价值的创新项目;请专业的老师组织培训与指导,帮助学生在兴趣爱好的实践中做到"产学研"结合,促进学生职业发展;鼓励研究生自主创业,将自己的兴趣爱好转变为工作。

五、设置兴趣学分,结合实践培养兴趣爱好

在研究生的选修课程中,除了常见通识课程外,可以适当增设一定比例的兴趣爱好专项课程,如书法课、摄影课、舞蹈课等,也可以根据学校自身特色与所处地域的特色增设不同的选修兴趣课,聘请专业的老师进行授课,期末考核合格,可以增加相应的学分,在一定程度上鼓励研究生钻研自己的兴趣爱好。学生在系统的课程中接触并培养兴趣爱好,是一种正规的学习与研究的过程,既加深学生对兴趣爱好的了解,也为学生提供了学习与接触兴趣爱好的机会,可以帮助学生培养健康向上的兴趣爱好,远离不良兴趣爱好。学校可结合各类兴趣爱好的不同表现形式,以灵活的形式对兴趣爱好课程进行考核,实现寓教于乐。同时也可以设置部分与兴趣爱好相关的社会实践课程,使兴趣爱好培养在社会实践课程中占据一定的分值,促进研究生在实践中培养自身的兴趣爱好,在完成学分的实践中开阔视野,磨炼意志品格,提升实践能力。

六、关注学生成长,发现不良现象及时纠正

值得注意的是,随着信息化进程的不断推进,一些不良的行为与习惯也对当代研究生产生诸多不良影响。兴趣爱好虽然可以有效缓解学习的枯燥乏味,但是,不健康的兴趣爱好也是阻挡研究生发展与前进的绊脚石。高校在培养研究生专业能力的同时,应注重学生日常生活管理,关心学生日常生活,关注学生

兴趣爱好培养,了解学生兴趣爱好培养的过程,发现学生有不良的兴趣爱好,应该尽早劝阻与制止。积极引导学生培养正确与健康的兴趣爱好,一定要让学生区别不良嗜好与兴趣爱好,引导学生远离不良嗜好。对少数沉迷在兴趣爱好中,忽视学习的不良现象,进行重点关注及时指导,让研究生明白他们的根本任务还是学习。

七、开展丰富多彩的课外活动,塑造良好的培养兴趣爱好的文化氛围

在校园文化建设中,可以将兴趣爱好的培养作为一个重点建设的版块。如某学校在每年的9月都会举办"金秋艺术节",整个活动会持续三天,各个年级的学生都可以参加。艺术节由学生会主办,首先进行节目的初选与终选,最终被选定的节目会在艺术节上呈现出来,并在晚会结束时评选出最受欢迎的节目,发放奖品。校领导与老师都会参与投票。这样的艺术节后来渐渐成为该校的特色与品牌。近几年,每年艺术节期间周边几所高校的学生与老师都会去该校参观。定期开展这样的活动可为大家的才艺展示提供平台,促进学生兴趣爱好的多样化发展,营造百花齐放的多彩校园文化,让学生通过活动提升综合素质、增强自信心。

【案例】

张某是某高校的学生,他于2018年开始研究生阶段的学习。大学时期他就是同学们眼中的"小透明",在学校并没有多少朋友。因为家境的原因,他也很少跟同学聚餐、外出游玩,因此少了很多表达与展示自己的机会。但是他的内心其实很想跟大家接触,只是苦于没有机会。在研究生阶段,宿舍的人数比本科时少了一半,大家又都在忙各自的事情,平时的沟通就更少了。原本就孤单的他,觉得自己更加孤单了。没有志趣相投的人一起交流,他甚至对自己的人生产生了怀疑。后来,老师建议他在平时学习结束后可以利用课余时间开发兴趣爱好,专注于自己的兴趣爱好,使生活变得更多彩一点。他想起自己最初的梦想是成为摄影师,但是家里的条件不允许有好的设备,最终也在日常的繁忙中遗忘了。他用自己的奖学金买了摄影器材,开始重拾自己的兴趣爱好。起初只在校园里采采风,后来就去城市的景点拍摄,并且在业余时间学习使用修图软件。最后他发现自己的生活中多了很多志同道合的朋友,自己的人生也变

得更加多彩。在访谈最后,他说:"我之前的生活就像旧时的老照片,是黑白的,只有宿舍和实验室,现在的生活就像数码彩色照片,多了很多不一样的色彩。"

课后思考题

1. 你认为兴趣爱好在研究生的成长中有哪些作用?
2. 你认为研究生应该培养哪些兴趣爱好?

书山有路勤为径,学海无涯苦作舟。

——韩愈

人生不是一支短短的蜡烛,而是一支由我们暂时拿着的火炬。我们一定要把它燃烧得十分光明灿烂,然后交给下一代的人们。

——萧伯纳

第十章　研究生的学术理想与追求

第一节　学术理想与追求在研究生成长中的作用

理想是基于深刻的"理"并展开无限的"想"之过程，在性质上是主体内心的一种"观念"。理想的形成是新观念建构和再创造发生的过程，往往以对社会现实的不满足和否定性评价为前提，形成指向于未来文明的观念建构，体现着主体的价值取向，因此理想与现实相对应。学术是指有系统、较专门的学问。学术理想不是事物的客观属性和规律，而是有关系统学问的看法、观念和价值取向，是对系统学问未来做什么、如何做的理性回答。学术理想要对未来负责，而不仅仅是对现在负责，既要传承千年文明，更要着眼于创造未来。

理想和信念决定了一个人在成才之路上努力和前进的方向，创新意识则是一种主动的、积极的、勇于探索的思想状态和精神风貌，是科学研究的出发点和内在动力。研究生自身的能动性、对研究的投入度和探求精神，才是使研究生教育发挥成效的根本因素。高等学校是学术的殿堂，是人才的摇篮，高等学校培养研究生必须坚持学术本位，首先要培育研究生"崇尚学术，追求真理，勇于创新"的理想和信念，让研究生树立宏伟的学术抱负，秉持高度的使命感和社会责任感，立志站在学科前沿，为学术的繁荣发展服务。

一、学术理想与追求决定学术活动的层次和水平

教育心理学认为，个体需要的强度同由需要引发的行为的强度和持久性呈正相关关系。也就是说，个体需要越强烈，由需要引发的行为就会越持久。例如，研究生甘于为学术奉献的心情越迫切，就越能在学术道路上刻苦钻研、奋勇前进。

当个体需要未得到满足时，个体就会产生一种紧张不安的心理状态，这种焦虑状态激励着个体积极行动从而满足需要，达到身心平衡。当个体内部的学

术需要变得日益迫切的时候,学术积极性就会被充分激发出来,促使个体不断进行学术实践,提升学术层次和水平。

二、学术理想与追求影响研究生应对挫折的能力

在日常生活中,挫折经常出现,研究生的学术理想与追求会经历来自外界或赞同或反对的声音,在这样的情况下,具备崇高的学术理想与追求是十分必要的。拥有崇高学术理想与追求的学生自信心较强,在遭遇挫折时不会对自己的行为信念产生怀疑甚至放弃自己的价值追求。在学术道路上对自身要求较低的研究生在遭遇挫折时会将挫折产生的原因归因于自身,从而对自己的认知产生怀疑,认为自己的选择是错误的,自己糟糕透了,这种情绪会将挫折体验夸大到极致,从而产生更为强烈的挫折体验,直至放弃自己的学术活动。

第二节 培养研究生学术理想与追求的教育策略

研究生学术理想与追求的培养,有赖于培养单位的科学管理、导师的表率和指导、研究生的自我修炼与成长等。

一、培养单位的科学管理

(一)为研究生参与科学研究创造有利条件

重视基础知识的积累和基础理论研究。在课程设置上,除专业必修课、选修课外,还应要求研究生选修部分跨专业或跨学科的课程,以培养他们的跨学科交叉创新能力;应开设学术讨论性质的课程,以拓宽研究生的视野,促进研究生主动关心和了解学科的进展。同时,广泛组织各种学术活动,让研究生有机会在学术活动中拓宽视野,增长见识,锻炼思维能力。研究生通过参加学术活动,与同行接触交流,可以激发灵感,孕育创新的思想,产生对科学研究的兴趣,从而培养自己的科研能力。

(二)优化研究生专业实践管理

参与专业实践是研究生培养的重要环节,完善专业实践管理不仅是为了适应社会发展对高层次人才的迫切需要,更是培养较高层次学术理想的现实需求。社会实践是学生深入社会、了解国情的重要途径。学校应该在教学、科研

环节为研究生参加实践创造条件,将研究生社会实践纳入研究生教学计划,引导研究生参加科研服务、社会调查、公益服务等各项实践,使他们在解决实际问题的过程中增长才干、提升素质,帮助研究生实现自身的学术理想与追求。

高校应完善实践文化,提高研究生的实践能力,抓住研究生的个性特点,搭建专业实践平台,从而引导研究生增强实践意识,主动投身实践活动。发展研究生实践文化需做好以下几点:第一,改变培养体制,改变固有的培养目标和形式。研究生培养方案的制订要更贴合其导师的课题和研究方向,并突出研究生的个性发展,注重实践技能提升,理论课程的选择要尽最大可能为专业实践服务。第二,改革实践环节。传统的研究生教学实践环节,一般是以导师为主体,研究生被动完成导师布置的实验任务,这样的培养方式已经不能适应社会发展的要求。研究生教学实践要彻底打破固有的体制观念,进一步强调研究生的主体地位,让研究生通过自主设计实验,带本科生实习、实验,或者兼职本科生辅导员、班主任等方式,培养自主意识,提升管理能力,增强综合素质。第三,拓宽实践路径。高校要通过多区位搭建产学研合作平台,丰富实习实践基地,定期安排研究生下基层、进厂房,组建暑期"三下乡"博士团、硕士团参与高校所在地或周边地区经济建设,在真正的生产实践中检验研究生的技能;鼓励研究生利用假期,结合专业深入社区开展调研、技术帮扶等社会实践活动,积累科研素材,弥补学校学习的不足,在参与社会实践中践行学术理想与追求。

(三)用好有利于培养研究生学术理想与追求的新媒体

新媒体是一把双刃剑,高校管理者应当充分发挥新媒体在培养研究生学术理想与追求中的有益作用。第一,高校管理者可以借助新媒体平台的即时性、交互性等特点,将新媒体平台作为新时期进行社会主义核心价值观教育的主阵地,及时推送优秀研究生的典型案例,开辟宣传专栏,并鼓励学生积极评论,在互动的过程中激发学生的自我教育意识。第二,高校管理者应调动广大教师运用新媒体的积极性,发挥学科特色,建立相应的学科专业论坛,并与现实生活中的学术沙龙等并驾齐驱,使之成为研究生网上讨论交流的协作区。第三,高校管理者要加强和研究生在网络上的互动交流,不能只是单向推送,更应该是双向沟通,及时了解研究生的思想动态,关怀存在困惑的研究生,并提供积极的引导和帮助。第四,高校管理者自身要深刻认识新媒体带来的工作内容和方法的改变,与时俱进,常思常新,不断加大信息化知识储备,及时跟上新媒体发展步伐,提高洞察舆情并作出研判的网络素养。

(四)完善研究生考核奖惩机制

研究生院应通过定性和定量相结合的考核评估机制,外在激励与内在激励相结合,物质奖励与精神激励相结合,指导督促基层管理部门落实学校各项政策。研究生奖助体系是培养研究生较高层次学术理想与追求的重要抓手。高校管理者应优化研究生奖助学金政策体系的顶层设计,提高博士研究生助学金额度,扩大硕士研究生助学金比例,完善"三助一辅"制度,实现依靠奖助体系提高研究生科研贡献率、支持研究生完成学业、提高研究生培养质量的整体目标,充分释放奖助体系政策红利。

二、导师的表率与指导

导师是研究生成长成才的示范者和引导者,导师的引导能及时为研究生提供学习、工作、生活的方向指南,同时,导师的表率也能让研究生坚定学术理想与追求。

(一)导师要明确身份职责

研究生阶段重在"研究",研究的过程也是研究生自主学习、自主探究的自我修炼过程,在这一过程中,研究生导师要明确大学教师科研育人、教学育人的职责。导师的一项重要工作就是采用讲课、讨论与研究相结合的教学形式,引导学生进行自主研究性学习。在导师作用发挥得比较充分的课堂,导师的个别指导课每次由导师和一到两个学生参与,在一个小时的会面过程中,学生要陈述自己的书面论文,导师加以评论,并在原有题目基础上展开各种讨论。在个别指导课结束时,导师会布置下一次学习的题目以及推荐读物。这种导师制的教学可以激发学生深入思考与积极辩论,通过目标要求督促学生将时间和精力主要用在学习方面。导师与学生之间的单独交流,使导师能够更全面深入地了解学生,也容易把握学生的学习状态与学习情况。研究生导师不仅要搞好科研,而且要引导研究生关注研究的最前沿,阅读文献和写作综述,提出问题和研究假设,进行数据的采集和处理,选用合适的研究方法,进行论文写作,特别是要对学生的科研选题、开题报告与毕业论文撰写等多方面提供合理的个性化引导,使学生的学术科研道路走得更加顺畅。

(二)导师要坚持率先垂范

在当前的研究生培养机制下,导师对研究生的学术理想与追求的影响不容低估。导师应加强自律,在学术领域坚持学术诚信,恪守学术道德的基本准则,在职业领域,坚持教师操守,践行职业道德的行为要求,以自身的思想魅力和学术修养感染学生,达到潜移默化的效果。导师只有以自身的育人自觉启迪学生的学习自觉,以自身的教育信念影响学生的学习信念,以自身的坚定信仰去感召学生,才能使学生自觉养成较高层次的学术理想与追求。

研究生导师要加强对最新的国家教育方针、相关政策与学术道德规范等的学习,明确岗位职责,熟悉研究生培养的最新要求,履行思想教育的"首要责任",增强服务意识;应围绕社会主义核心价值观持之以恒地进行教师行为规范、师德师风等的学习,注重自我修养,强化自我约束,提升道德自律水平,不断增强自己的历史使命感和职业责任感;始终坚守社会正义,在教书育人的过程中,践行社会主义核心价值观,修身正己、自我约束。只有这样,导师才能以较高的科研水平、高尚的道德情操、完善的人格魅力影响学生,引导他们树立正确的价值观,培养其严谨的治学态度和良好的学术作风。

(三)导师要了解研究生的现实状况,有效引导研究生的学术行为

随着高等教育改革的深化,研究生学业、生活等方面的压力日益增加。此外,对就业前景的理想化展望与现实环境之间的落差也给研究生造成了较大的心理负担。研究生虽然独立意识强,对别人的依赖较少,但这并不意味着他们不需要关怀和温暖。特别是一些心理敏感的研究生,更需要贴近内心的温情关怀。导师应该及时关注和指导研究生的学业进展,并对其困惑和苦恼及时关注,了解研究生的生活实况,对其生活中的困难尽力帮助,促进其学术理想与追求的日常化、生活化。

三、研究生的自我修炼与成长

(一)掌握好价值取向的方向盘

理想是人生的导航仪,价值取向是人生的方向盘,人生的方向是由价值观决定的。不同的人会有不同的价值观,价值观尤其是核心价值观,决定了个人

的发展方向。

研究生生活于文化多元、价值观多样的时代,构建好自己的价值体系,确立好自己的核心价值观,把握好自己的人生方向盘,是成人、成才、成功的关键。这种价值体系和核心价值观的确立,要符合时代要求,符合国家、人民和社会的利益,于他人有利,于自己有用,要能产生正能量。在面对地位、金钱、美色诱惑的时候,在面对人性扭曲、良知缺失、底线被挑战的时候,在面对获得和失去两难的时候,在迷茫、困惑的时候,在走到交叉路口的时候,只有秉持正确的价值观,才能在学术道路上越走越远。

(二)养成阅读文献的习惯

阅读文献是科研工作的基本素养,也是研究生进行学术研究、科学实验的必要前提,良好的阅读文献意识和习惯对研究生来说至关重要。研究生与本科生读书的一个重要区别,就是研究生以读原著、文献为主,而本科生以读教材为主,原著、文献与教材之间是源与流的关系。树立良好的阅读文献意识、养成良好的阅读习惯对研究生提高科研素质大有裨益。

研究生可以通过广泛而深入的阅读、大量的知识积累和研究训练,构建合理的知识结构,增强科研能力。如果没有广泛而深入的大量阅读,就不会有宽厚的理论基础和学术积累。

文献阅读"质"的提升与"量"的增长是相互联结、相辅相成的。研究生要在阅读文献时深入文献内容去探寻和研究,对本专业、本学科的一些学术渊源、学术前沿、学术最新动态持续涉猎与研究,在日常的生活中关注此类信息,并且要调整阅读文献时的心理状态,不能只是为了完成导师布置的任务或学校要求,而要有为科研做积累的意识。

(三)发扬艰苦奋斗的精神

古今中外,做学问从来都是和艰辛、孤独、清贫联系在一起的。受不了寒窗苦,坐不了冷板凳,是不可能做好学问的。王国维在《人间词话》中提出古今之成大事业、大学问者,必经过三种境界。

第一境界是"昨夜西风凋碧树,独上高楼,望尽天涯路"。"西风凋碧树",是指一种烦躁的心情。诗人要观物,首先要摆脱现实的种种纷扰,破除一切我执,包括苦乐、毁誉、利害、得失,挣脱一切个人的私念,达到胸中洞然无物,才能达到观物之微。"独上高楼,望尽天涯路。"这时,便入定,去体会物质内在本质的美。

第二境界是"衣带渐宽终不悔,为伊消得人憔悴"。这是对审美客体的审美把握,审美主体以一种执着的、无悔的精神,探索着事物的美。这种美必须将事物个别的、外在的、偶然的东西跨越过去,得出普遍性的、内在的、必然的一种理念,用审美把握塑造出美的意象,作者在此境界的心情是平静、纯净、自然的,寻求一种自然的乐趣。一方面,这种寻求是艰辛的,使人憔悴和消瘦;另一方面,这种寻求又使作者的感情得到升华,达到完美的意境,虽然"衣带渐宽",又是值得的、无悔的。

第三种境界是"众里寻他千百度,蓦然回首,那人却在灯火阑珊处"。这里说的是顿悟。经过第一阶段、第二阶段的苦苦寻求,作者能用最明快的语言,将事物玲珑剔透地表达出来,浑然天成。这时作者的心情达到了无欲、无念、无喜、无忧的境界,获得了智慧。"众里寻他千百度",表达了寻求的艰辛,"蓦然回首,那人却在灯火阑珊处",表达了智慧的顿悟。诗人在艰苦的寻求中,豁然开朗,灵感顿生,妙语连珠,"境"显现得光辉耀人,"情"表达得感人肺腑,这是极不容易获得的一种境界。在第三种境界,诗人也从自己创作的诗作中得到了精神上的慰藉,达到了精神上的愉悦。

《史记》记载了上至传说中的黄帝时代,下至汉武帝时期共三千多年的历史,是一部纵贯古今、包罗万象、组织严密、内容丰富的纪传体通史。这部被列为中国"二十四史"之首的名著,是西汉著名史学家司马迁,以其"究天人之际,通古今之变,成一家之言"的史识,尤其是在经受了汉武帝残酷的腐刑出狱后,秉持忍受屈辱,顽强活下去,继承父亲司马谈的遗志完成宏伟历史巨著的坚强信念而完成。从公元前113年开始筹备,到公元前104年动笔写作,再到公元前93年前后完成,前后耗时二十年。

《富春山居图》代表了我国山水画的最高境界。其作者元代画家黄公望,虽学画起步较晚,生活坎坷,却呕心沥血、跋山涉水、亲临体察,历时几载,于八十二岁高龄完成此传世名作。

"两弹一星"是中华人民共和国伟大成就的象征,是中华民族的骄傲,是二十三位"两弹一星"元勋和其他一大批优秀科技工作者,在极其艰苦、没有外援的情况下,凭着"中华民族不欺侮别人,也绝不受别人欺侮"的坚定信念,发扬"热爱祖国、无私奉献、自力更生、艰苦奋斗、大力协同、勇于攀登"精神创造的奇迹。他们不怕狂风飞沙,不惧严寒酷暑,没有条件,创造条件,没有仪器,自己制造,缺少资料,刻苦钻研。在他们中间,许多人在国外学有所成,拥有优越的科研和生活条件,为了建设新中国,冲破重重障碍和阻力,毅然回到祖国。他们为了祖国和人民的利益,默默无闻,艰苦奋斗,无私奉献,以身许国。爱国主义、集体主义、科学精神是他们创造奇迹的精神动力。

由此可见,做学问难,做好学问更难。研究生既然选择了做学问这条路,就要耐得住寒窗苦,坐得了冷板凳,以坚定的学术信念,顽强的拼搏精神,以"十年磨一剑"的执着,做学问,做好学问,使自己成为一名学有所得、学有所成的好学者,成长为栋梁之材。

第三节 促进研究生成长的有利因素

良好的学术氛围、导师的率先垂范,以及强大的内驱力均是促进研究生成长的有利因素。

一、良好的学术氛围

某高校在每学年开学初组织召开全体研究生新生大会,学校领导和研究生导师从不同的角度,在向研究生介绍研究生教育情况的同时,大力宣传学术理想和学术规范,强调研究生在进入学习和研究阶段之初,务必树立为学术繁荣发展服务的理念,秉持正确的治学态度和科学严谨的学风,做好艰苦奋斗的准备,坚决摒弃投机取巧和急功近利的思想,将学术自律和学术规范深植于心中,为取得优秀的学术成果打下扎实的基础。

该校每学年开展研究生学术新星评选、研究生学术文化节等主题活动,通过研究生学术作品大赛、知名学者讲座、博士生沙龙等系列活动,推动研究生的学术交流和创新,倡导研究生坚持学术本位,多维度营造良好的学术氛围。

二、导师的率先垂范

优秀的研究生背后一定有一个具备较高学术造诣、以身作则的导师在推动他们成长。大学教师的学术研究活动,说到底就是求真与创新的过程,勤奋好学既是教师勇于探索、求真务实的现实基础,又是这种精神的具体体现。导师不仅仅是教师,更是能够为研究生指引科学探索之路的方向,引领其学术进步的指路人、引导者和教育者。之所以能够成为研究生导师,承担培养研究生的工作,其中必然有导师自我知识量变积累和科研能力质变提升的原因。导师的学术造诣,为学生所敬重、所佩服,学生视导师为学习的楷模,敬之如父母,这就使导师在研究生那里有着无法替代的威信与权威,这就为导师开展思想政治教育工作提供了有利因素。

优秀的导师在教育教学上,会自觉地与学生拉近距离,与学生进行真诚平等的对话。大学教师的道德情操、处世方式、行为准则、治学态度等,对研究生教育至关重要,教师人格本身就是一门极为重要的隐性课程。教师对学生的关爱不只是一种态度和理念,而且是教师的教育智能在教育实践中的真实体现。优秀的研究生导师会比较熟悉每一个学生的兴趣、特点和爱好,掌握与学生沟通的技巧,使学生乐于与教师交流。研究生导师在整个教育教学过程中,不只是传授知识、技能与治学方法,更重要的是传递如何做人的价值观。优秀的导师能处理好"严"与"爱"的关系,在关爱学生的基础上对学生严格要求,使其明确学习目标和发展定位。他们治学严谨,重视学术规范,并且及时"亮剑",敢于指出和批评学生的不足。每一位学生都存在可以挖掘的潜能,优秀的导师可以针对不同类型的学生分类确定培养目标,做到分类指导,针对不同学生的不同情况进行差异化指导,做好学生的引路人,帮助学生实现理想。

【案例】

唐友刚,天津大学建筑工程学院船舶工程系教授,俄罗斯科学院高级访问学者。天津市振动工程学会理事,中国振动工程学会非线性振动专业委员会常务理事,多年从事船舶和海洋工程结构动力学方面的教学和科研工作,已完成国家、部委级课题六十余项,出版著作两部,发表学术论文一百三十余篇,多次参加国家自然科学基金项目。曾赴俄罗斯科学院进行合作研究,多次出席海洋、近海及极地工程国际会议(OMAE)。获石油部科技进步二等奖,国家专利两项,天津大学科技进步一等奖,天津市市级优秀教师称号。唐友刚老师虽已年过花甲,但依然不放松教学和科研任务,在手臂意外骨折后继续坚持教学和科研工作,打着绷带为学生上课,用左手写板书。唐老师因这种敬业的精神得到了同学们的尊敬和爱戴,大家私下里亲切地称呼他为"唐爷爷"。唐老师作为硕导和博导,一直以严谨的治学态度带领学生从事海洋结构及相关科研项目研究,兢兢业业地进行科研工作,激励着身边的研究生全身心地投入科研。同时,唐老师在生活和工作中也会无微不至地关怀学生。

张洪程,扬州大学教授,中国工程院院士。张洪程教授自大学毕业留校后一直致力于教学、科研,他爱岗敬业,为人师表,坚持将改革创新和培养创新型人才相结合,形成了课堂教学、实验室实验、校内田间试验与校外基地大田综合研究一体化运作的创新教育模式,培养了大批高素质农业复合型人才。他常常和学生讨论人生观(爱国和专业思想)、讨论学问(重大科技进展和创新实验)、讨论现实(国内外大事)、讨论未来(就业和职业发展)。学业上他是一位严师,但在生活中,他是关心学生冷暖的慈父。针对家庭困难的学生,他在实验室内设立了助研岗位,让他们通过辛勤劳动,获得较好的生活保障。对于身体有疾病的同学,他在繁忙的工作之余抽出时间前往看望,嘘寒问暖,让孤身在外的学生感受到了贴心的关怀。平时田间试验的时候,学生早出晚归,难免有赶不上饭点的情况,他总是叮嘱提前订上工作餐,生怕亏待了学生的身体。学生们都说:"张老师不仅是我们思想和农业科研的带路人,还是我们生活的'护花使者',是我们学习的楷模和事业发展的标杆。"他培养的学生基础理论扎实,吃苦耐劳,动手能力又强,赢得了良好的社会声誉,成为人才市场的"香饽饽",不少人已成为国家与地方农业管理部门及科研院所的骨干,部分学生成为科技进步奖的获得者。

三、强大的内驱力

【案例】

扬州大学博士研究生张继垒:天分在左,勤奋在右

张继垒于2012年进入扬州大学兽医学院攻读预防兽医学硕士研究生学位,并于2014年获得免试直博的资格继续攻读预防兽医学博士学位。在此期间,他已经发表SCI学术论文十八篇,其中第一作者八篇,总累计影响因子大于四十九分,参与申请了八项发明专利并获得授权,同时参与了国家自然科学基

金三项,国家青年科学基金一项。

1. 求学之路

张继垒求学之路漫漫,充满艰辛与不易。他出生在山东西南部的一个乡村,从村中的小学,到镇上的初中,再到县城的高中,后来去"江北水城"聊城读大学,大学毕业后来到扬大读研究生,面对家庭经济的拮据,他也想过放弃学业。为了挣点生活费,他在读书过程中做过饭店的服务生,发过传单,做过家教。但他一直在求学的路上坚持着、努力着,他相信那炫目的太阳总会从乌云中探出头来。考上大学,顺利考研,获得直博机会,在求学的道路上,张继垒越走越远,越走越顺。

2. 科研之路

张继垒师从王成明教授。他所在的实验室是一所2012年新建的病原分子学检测实验室,从几间一无所有的空房间到所有的病原分子学实验室所需要的设备、试剂和耗材等一一具备,实验室在导师王成明教授的领导下建立起来。所有工作张继垒都全程参与,掌握了实验室建立的全流程。张继垒的研究课题主要是采用实时荧光定量PCR的方法研究人畜共患病,而这种检测方法具有极高的灵敏度,极易造成临床样品假阳性的结果,但苦练勤练、技艺精湛的张继垒心怀"抓住小细节"的信念,在科研的道路上取得的成果越来越多,影响也越来越大。

他认为自己之所以能取得一些小成就与对科研的兴趣紧密相连,只有感兴趣才能热爱,只有热爱才能坚持,只有坚持才能收获。此外,导师的率先垂范及谆谆教导、无私帮助也是至关重要。

3. 交往之道

在努力做好科研工作的同时,张继垒也会热心帮助实验室的师弟师妹,他们在实验方面遇到困难时,第一时间想到的便是他。即便他再忙,也会停下手中的实验热情地给予帮助和指导,将自己所学和所知倾囊相授,让他们可以站在自己的肩膀上继续向前迈进。当然,"授人以鱼,不如授人以渔",所以,他每次都侧重于告诉学弟学妹们"为什么",而不仅仅是"是什么"。张继垒以深厚的学术素养和热情的交往之道,得到学友的欢迎和认可,他将实验室管理得井井有条,学友之间既有明确分工,又有团结合作,实验室氛围良好。在张继垒的不懈努力下,他已经发表SCI学术论文十八篇,参与申请了八项发明专利并获得授权,参与了国家自然科学基金三项,国家青年科学基金一项,并多次获得国家奖学金,一次校长特别奖学金。

哈尔滨工程大学硕士研究生张以恒:路遇荆棘,也要勇敢前行

张以恒,哈尔滨工程大学船舶工程学院船舶与海洋结构物设计制造专业2016级硕士研究生,曾获中国大学生自强之星、中国大学生年度人物入围奖、中国大学生骨干培养学校优秀学员、国家励志奖学金、省大学生道德模范、希望之星、省三好学生、省优秀志愿者等多项荣誉。

1. 克服困境,成长中磨炼意志

张以恒的父亲是一位朴实的电力工人。在他小学三年级时,父亲因一次工伤事故,彻底失去了劳动能力。初三那一年,父亲因病永远离开了他和母亲。母亲是一位普通的纺织工人,家庭的不幸加上生活的巨大压力,使她患上了严重的精神疾病,白天自言自语,夜晚迷路失踪,这些曾让张以恒无助、恐慌、迷茫。无数个夜晚他在马路上寻找妈妈的身影,中考午休期间,他也会急忙坐公交车赶回家中,看看母亲是否平安,热完饭菜再回去考试。那几年,午休和放学时间照顾母亲、洗衣做饭、整理家务成了他的必修课。就是因为这份坚定执着的爱,高三那一年,母亲奇迹般地从虚幻世界返回现实生活。

2. 点燃希望,奋进中追寻梦想

在学业上,他始终勤奋刻苦,中考以全校第二的成绩被保送到重点高中。

曾国藩认为:"盖士人读书,第一要有志,第二要有识,第三要有恒。有志则断不甘为下流;有识则知学问无尽,不敢以一得自足,如河伯之观海,如井蛙之窥天,皆无识者也;有恒则断无不成之事。此三者缺一不可。"有志则断不甘为下流,有志气者,不会让自己长久处于碌碌无为的状态,心中有理想,才会不甘于平庸。有识就是要有才识,大凡成功的研究生都是德才兼具的。有恒心则世上无不可成之事,科研之路总是不平坦的,成功来源于坚持不懈。

踏入大学的大门,他反而更加勤奋刻苦、求真务实,在学习和科研科创等方面取得了一定的成绩。他多次获得国家助学金、国家励志奖学金、校奖学金等。科研方面,他参与并完成工信部、海军装备部等多项重大项目立项建议书的编写工作,先后获得"一种水平轴潮流发电装置叶片海上安装方法"等国家发明专利三项,参编《国外航母全寿命周期费用管理概述》等专著。

3.无悔青春,志愿服务中自立自强

他在努力学习的同时,还尝试过各种形式的兼职,这些不但解决了自己的大学学费和基本的生活费,大四时,他一周做三次家教,每个月至少还可以给家里寄去五百元。尽管累,但他觉得很充实。他正慢慢地成长起来,明白了什么叫真正的自强。

大学期间,张以恒发扬"奉献、友爱、互助、进步"的志愿者精神,组织参与关爱孤寡老人、帮助自闭症患者、看望留守儿童等志愿服务活动三百余次,累计服务时长千余小时。2015年6月,饱含着对教育事业的向往和对志愿者工作的热爱,他参加了研究生支教团,主动选择到吉林省延边朝鲜族自治州汪清县支教。他支教期间的工作得到了当地团县委、教育局以及服务学校一致认可与好评,事迹被人民网、中国青年网报道转载。

通过以上两个案例,我们可以从中发现优秀研究生共有的品质。

(一)有志

志不立,天下无可成之事。凡是优秀的学生,都有高远的志向。然而,有些研究生却忘记了自己求学的本质,仅仅想着混文凭,立志修身的教诲早已被他们抛之脑后。有的人立志定力不够,对以前立下的志向产生畏难情绪;有的人志向不够远大;有的人没有志向,做事较为随性。这些人大多随波逐流,最终碌碌无为。

立大志是优秀研究生的首要特质。无论是在困境中自立自强的张以恒,抑或是心怀"抓住小细节"信念的科研达人张继垒,从小立志成为他们的共同特质。张以恒和张继垒从小背负着家庭的压力,立志要改变现状。他们的视野在求学中被一点点打开之后,逐渐明晰自己的志向。张以恒选择在志愿服务中自立自强,为更多的青年立志;张继垒选择与导师一起从无到有建立病原分子学实验室,在科技创新方面作出贡献,实现自己的价值。张以恒和张继垒没有因为困难而退缩或转向,而是默默无闻有韧劲地坚持着,在潜移默化中成长为志存高远的研究生。

(二)有识

有识不仅仅是有知识,更是指既有学识,又有德行。高等院校和科研院所承担着培养德才兼备的高素质人才的重要职能,不仅要传授知识,还要引导研究生树立正确的世界观、人生观、价值观。在知识学习与创新方面,与本科生接受学问、接受知识不同,研究生更加注重知识的创新。但知识的创新不是空中楼阁,而是要建立在掌握坚实的基础理论和系统的专门知识的基础之上。因此研究生要博学多闻,不能孤陋寡闻。在道德修养方面,研究生要时刻用学术道德规范来指导自己的学术实践活动,要时刻用公民道德规范指导自己的社会实践活动,成为有修养、有品德的人才。

优秀研究生必然要德才兼备。"无德无才是废品,有德无才是半成品,有才无德是危险品,有德有才是精品。"这说明知识文化修养和思想道德修养是有机统一的。张以恒、张继垒两位研究生典型无疑都是德才兼具的:在学识方面,他们都有一番作为,在各自的专业领域取得了骄人的成绩;在道德方面,他们都有高尚的学术道德品质,在实际的学术活动中自觉遵守学术规范;更为重要的是他们在取得成功后无一例外地都选择去帮助他人,张以恒主动前往吉林省延边朝鲜族自治州汪清县支教,受到了当地群众的好评,张继垒在努力做好自己的科研工作的同时,热心帮助实验室的师弟师妹,带领整个团队一起前进。高尚的品德让他们更加优秀。

(三) 有恒

学贵有恒。"良马虽善走,而力疲气竭,中道即止。驽马徐行弗间,或反先至焉。是故举一事,学一术,苟进取不已,必有成功之一日,在善用其精力耳。"在学术道路上要有所建树必须要有恒心。科学研究有其自身的规律,研究者需要脚踏实地、循序渐进,需要长期坐冷板凳,需要长期甘于寂寞,艰辛付出。"风物长宜放眼量",科学研究最忌讳的就是急于求成、急功近利。

恒心是优秀研究生的重要品质。张以恒、张继垒两位研究生所取得的成绩绝非一日之功、一蹴而就。张以恒三百余次的志愿服务活动、千余小时的累计志愿服务时长都是用实际行动在诠释恒心;张继垒在实验室潜心用实时荧光定量 PCR 的方法研究人畜共患病,如果不是有"抓住小细节"的恒心,恐怕早已放弃。优秀研究生的成长轨迹必然伴随着坚持不懈的毅力、艰苦奋斗的作风和昂扬向上的精神状态。脚踏实地、循序渐进、日积月累,看似好像很慢,其实只有这样才能更快、更高、更好。

课后思考题

1. 学术理想与追求在研究生成长中有什么作用?
2. 研究生应该树立怎样的学术理想与追求?

古之立大事者,不惟有超世之才,亦必有坚忍不拔之志。

——苏轼

人生须知负责任的苦处,才能知道尽责任的乐趣。

——梁启超

第十一章 研究生的学术伦理道德与自律

学术不端是全球学术界和公众关注的焦点问题。科技发展日新月异,世界范围内的学术交流日益频繁,各国都认识到学术不端对科技创新、人才培养和学术风气等方面造成的巨大危害,纷纷加强学术道德规范教育工作,维护学术诚信。研究生是高层次人才的主要来源,是实施创新驱动发展战略的重要力量,是国家科学研究和技术创新的后备力量,但学术不端行为仍在研究生群体中存在,既制约了研究生培养质量和创新能力的提升,也造成了恶劣影响,引起教育主管部门、高校、媒体和公众的广泛关注。因此,加强研究生学术道德规范教育、防范学术不端,十分必要,刻不容缓。

第一节 学术道德是研究生道德的核心

如今,党和政府都十分重视科研诚信建设,但学术不端的行为还是时有发生。研究生是学术研究的生力军与国家创新能力的重要驱动因素。从某种意义上说,是否能对研究生进行高质量培养决定着国家创新能力能否变强,而学术不端则严重影响着研究生培养质量。因此,加强对研究生的学术道德培养是研究生道德教育的重要内容。

一、国家对研究生学术道德建设日益重视

自 2002 年教育部印发《关于加强学术道德建设的若干意见》开始,我国从来没有停止过对研究生道德培养的指示。2010 年《教育部关于进一步加强和改进研究生思想政治教育的若干意见》指出,要订立研究生学术道德规范,加强对

研究生的学术道德教育,并将其纳入学校研究生教育培养体系。① 在国家政策的推动下,研究生培养单位积极响应,几乎每所高校都在加快学术道德建设。在全面推进高等教育管理与行政体制现代化的关键期,国家高度重视对高校学生学术不端行为的管理,《中华人民共和国高等教育法》要求高校设立学术委员会,并对学术委员会的职责也进行了严格的规定,明确了其调查、认定学术不端行为的职责。

2016年《高等学校预防与处理学术不端行为办法》中对高等学校的学术治理体系、学术评价和学术发展制度作出一定的要求,并建议高校以多种形式对学生开展学术诚信和学术规范教育、培训,营造良好的学术环境。② 在2017年修订的《普通高等学校学生管理规定》中提出学校应当开展学生诚信教育,以适当方式记录学生学业、学术、品行等方面的诚信信息,建立对失信行为的约束和惩戒机制;对有严重失信行为的,可以规定给予相应的纪律处分,对违背学术诚信的,可以对其获得学位及学术称号、荣誉等作出限制。③ 2019年教育部办公厅发布《关于进一步规范和加强研究生培养管理的通知》建议高校应继续完善学术不端预防及处理机制,并对错误实现"零容忍",对学术不端行为依法依规从严查处,如有违反法律法规的行为,应及时交由有关部门查办,同时应探索建立学术共享公开制度,以公开促进学术透明,主动接受社会监督。④ 2020年9月国务院学位委员会、教育部发布《关于进一步严格规范学位与研究生教育质量管理的若干意见》提出不仅要督促各单位严格处理学术不端行为,也应对查处不力的单位予以问责并将学位论文作假行为作为信用记录,纳入全国信用信

---

① 教育部. 教育部关于进一步加强和改进研究生思想政治教育的若干意见[EB/OL]. (2010-11-17)[2021-05-21]. http://www.moe.gov.cn/srcsite/A12/moe_1407/s6875/201011/t20101117_142974.html.

② 教育部. 高等学校预防与处理学术不端行为办法[EB/OL]. (2016-06-16)[2021-05-21]. http://www.moe.gov.cn/srcsite/A02/s5911/moe_621/201607/t20160718_272156.html.

③ 教育部. 普通高等学校学生管理规定[EB/OL]. (2017-02-16)[2021-05-21]. http://www.moe.gov.cn/srcsite/A02/s5911/moe_621/201702/t20170216_296385.html.

④ 教育部办公厅. 关于进一步规范和加强研究生培养管理的通知[EB/OL]. (2019-03-04)[2021-05-21]. http://www.moe.gov.cn/srcsite/A22/moe_826/201904/t20190412_377698.html.

息共享平台。①

二、研究生学术道德失范现象频发

研究生的学术道德素质是其健康人格的重要组成部分,在塑造自己的正确价值观中起重要作用。实际上,研究生群体中一直存在着一些看似普遍实则违反学术道德的行为,包括窃取研究结果、伪造实验数据、一稿多投、伪造注释、不参与论文写作但会署名等不当行为。更有甚者为了奖学金,或为了毕业后提高就业竞争力,就付费购买文章,甚至雇用其他人替自己写论文。近几年来研究生学术不端行为屡见不鲜,"博士研究生学术造假事件""两硕士论文雷同事件""某明星学术门事件""学术论文抄袭事件"等不仅有害学术氛围,也造成了极其恶劣的影响。因此,高校应特别注意培养研究生的学术道德,并坚持不懈地加强研究生的道德建设。

三、研究生群体是未来学术界和科研领域的生力军

研究生群体是未来学术界和科研领域的生力军。第一,研究生拥有学生和研究者的双重身份,他们将获得的知识转化为自己的创造力。第二,研究生除了学习课程外,导师的科研工作同样需要他们的辅助,强大的可塑性成为研究生最大的特质。目前,研究生处于全球化不断推进的社会环境中,思想多样与多元,经济和社会的快速发展对研究生的道德素质和科学创新能力均提出了更高的要求。如果高等教育中的学术道德教育没有显著作用,就会影响学术界和科学领域的学术精神以及国家人才强国战略的实施。与其在学术不端之后对学生进行管理,不如在发生之前进行有效预防。以有效的学术道德教育预防学术不端行为,应该比发生学术不端行为后再进行惩戒效果更好。提高学生的科学精神和道德素养,加强学术道德教育,可以从根本上保障一个国家的人才培养质量。

---

① 国务院学位委员会,教育部.关于进一步严格规范学位与研究生教育质量管理的若干意见[EB/OL].(2019-09-28)[2021-05-21]. http://www.moe.gov.cn/srcsite/A22/moe_826/202009/t20200928_492182.html.

第二节 学术道德失范的类型、出现的原因及危害

学术道德失范有抄袭、一稿多投、不当署名、伪造、第三方代写等类型,究其原因,主要是学校要求与研究生能力不匹配、高校缺乏有效的学术道德监控机制、学术道德伦理教育低效等。学术不端行为带来的危害也是多方面的,如腐化学术环境、浪费资源、败坏学风、折损研究生群体声誉、恶化社会风气等。

一、学术道德失范的类型

(一)抄袭

抄袭也称为剽窃,在研究生学术道德失范中最为常见,也是需要重点防范的失范行为。在确认抄袭行为时,应将其与合理使用进行区分:①完全抄袭他人著作中的思想及观念是不被法律允许的,但是利用他人著作中的思想、观念进行再次创作,则是被允许的。②各国著作权法对作品所表达的历史背景、客观事实、统计数字等并不予以保护,任何人均可以自由利用。但是完全照搬他人描述的客观事实、历史背景的文字,有可能被认定为抄袭。③合理使用是作者利用他人作品的法律上的依据,一般由各国著作权法自行规定其范围。凡超出合理使用范围的,一般构成侵权,但并不一定是抄袭。

【案例】

翟某某在直播时,回答在线用户提出的问题,被网友发现已是博士的翟某某不知道知网是什么,随后引发网友热议,引起有关部门重视并进行调查。经调查发现翟某某在《广电时评》2018 年第 8 期中发表的论文《谈电视剧〈白鹿原〉中"白孝文"的表演创作》涉嫌抄袭。而翟某某的北京电影学院硕士学位论文《"英雄"本是"普通人"——试论表演创作中的英雄形象与人性》经知网查重显示,重复比达 36.2%,去除引用文献部分,文字复制比仍占 25.9%。

(二)一稿多投

论文的一稿多投意味着同一作者或同一研究组的不同作者在期刊编辑和审稿人不知情的情况下,试图或已经在同一时间在两本或多本期刊中发表了内容相同或相似的论文。国际上也称该种现象为重复发表、多余发表或自我剽窃。

很多期刊的审稿周期较长，论文又具有一定的时效性，不少研究生为了提高论文发表的概率，获得更多的发表机会或缩短发表时间，常常将一篇论文同时投向多家期刊，或在期刊正常出版约定期限内在未得到录用信息前又向其他期刊投稿。

(三) 不当署名

不当署名是指论文作者的署名、排名不符合其对论文的实际贡献，或者虚假标注论文作者信息。不当署名主要有以下表现形式：①将对本文写作作出重大贡献的人排除在作者名单之外；②在作者名单中出现那些对论文没有重大贡献的人；③自作主张在自己的论文署名中填署他人的姓名；④出现对作者或作者工作单位、教育经历、研究经验等信息的虚假标示；⑤作者排名不能反映实际贡献。

不论是因为被迫还是主动，不少研究生论文署名存在署名与贡献不符的情况。有的研究生之间相互署名关照彼此，以增加论文发表数量，也有少数学生抹去论文中他人(如导师、同学)的贡献。

(四) 伪造

伪造主要有三种形式：①伪造数据。伪造或捏造未经实验或调查的数据或事实，以及没有任何支撑材料的事实。②伪造参考文献。有些研究生为了凑数，列出与研究无关或未看过的文献。有的文献使用的是二手文献中标注的出处。③基金项目或课题造假。一些研究生标记了他们没有参与研究的项目或课题，以提高其论文的规格或满足某些期刊的要求。

【案例】

经调查，童某某等发表的论文中的图片、谱图存在抠图、复制粘贴、旋转、缩放、图形拼接及涂抹等造假问题。经自然科学基金委员会监督委员会审议、审定，撤销童某某2013年度获资助基金项目"水合肼制氢镍基双金属纳米晶催化剂的构效关系"，并对童某某进行通报批评，收回项目拨款，取消童某某申报国家自然科学基金项目资格五年。

(五) 第三方代写

一些研究生因为学术素养不足或太忙而无法撰写研究生论文，例如少数在职研究生将论文编写网站等非法中介机构作为论文撰写的"救命稻草"。2015

年11月23日,中国科协、教育部、科技部等部门联合印发《发表学术论文"五不准"》的通知,第一条就提出不准由第三方代写论文,坚决抵制第三方代写、代投、代修改等学术不端行为。2015年12月,国务院办公厅发布了《关于优化学术环境的指导意见》,规定不准利用中介机构或其他第三方代写或变相代写论文。

【案例】

经有关部门调查显示,Z大学教师张某与闫某发表的一篇论文,是由论文代写机构代写、代投。Z大学对这两名教师作出停止其研究生招生资格的处理,并终止张某承担的国家自然科学基金项目,收回项目资金,取消其申报国家自然科学基金项目资格五年。

二、学术道德失范出现的原因

(一)学校要求与研究生能力不匹配

科学研究必须基于对研究的兴趣且遵循科学研究的规律,进行科学研究需要广泛搜集信息,且使用科学的方法。而现实情况是,不少学生撰写发表论文的目的只是为了完成任务,因为不少高校要求研究生毕业必须要有一至数篇论文正式发表,有的甚至要求在核心刊物发表。许多研究生在科学实践和研究训练方面积累不够,尚不具备学术创新能力,不知撰写论文的正确方式,他们为完成任务而选择走捷径,做出抄袭他人学术成果、引文造假,甚至买卖版面、第三方代写等违背学术道德和学术准则的行为。

(二)缺乏有效的学术道德监控机制

1. 研究生学术评价与激励制度存在一定的缺陷

近年来,随着深化研究生教育改革的推进,高等院校针对提高研究生教育质量作出了一些制度上的安排,例如不少高校将研究生发表论文数量作为评价一个学生学术科研能力的重要指标,甚至不少高校明确要求研究生必须在指定的期刊发表一定数量的论文才能毕业。在研究生评奖评优中,还通过明确的规则对研究生学术研究进行量化评价。应该说,这些制度和措施在改善和提高研究生培养质量方面确实起了一定作用,但也隐藏一些缺陷。对于专业的学术评价而言,定量评价学术研究成果,在一定程度上会冲击固有的学术道德观念。

为了完成任务,顺利毕业,有的学生将学术道德置之脑后。在学术激励中,"数量胜于质量、理论胜于应用、物质奖励胜于精神提升"等不科学、不合理的激励弊端尚在一定范围内存在。

2. 学术惩戒机制不健全

针对研究生的学术失范行为的处罚制度相对较少,且这种处罚制度大多隐藏在指导研究生学术道德的规章制度中,也就是说,学术处罚制度不够明确,监督和惩戒机制不健全,特别是处罚的执行力度不够,且监督成本过高。

(三)学术道德教育低效

1. 学术道德教育形式化

传统观点认为,由于调整方式和效果的影响,学术道德对研究生学术不端行为的规范作用未被认可,道德规范被排除在学术规范体系之外,仅被视为具有道德教育功能。高校对学术道德本身的软塑造力和学术道德教育的价值认识不足,导致研究生学术道德教育效果不佳。从学术道德的形成特征、作用机理和完善途径来看,与学术规范相比,学术道德对行为的约束明显减弱。长期以来,在忽视德育的研究生教育背景下,许多大学都重视对研究生学术能力的培养和学术成就的要求,却忽视了对研究生学术道德的培养。即使像入学教育之类的学术品德教育也都是以碎片化的形式存在,大多数的道德教育也仅仅是形式化的存在,导致研究生缺乏对学术不端行为及其危害的基本认识。

2. 学术道德教育的隐性教育不足

隐性教育是相对于显性教育的一种教育方法,是通过间接的方式,使受教育者潜移默化地接受预期教育内容,使受教育个体接受非预期的或非计划的知识、技能、价值观、社会规范和处世态度的教育,强调"润物细无声""桃李不言,下自成蹊"的教育效果。"孟母三迁""礼乐教化"都是从外部环境的熏陶方面肯定了隐性教育的价值。隐性教育可以提升道德教育的有效性。在西方,亚里士多德提出道德方面的美德乃是习惯的结果,杜威认为教育即生活,也强调正式学校教育之外的因素对孩子的理智和道德的影响。隐性教育作为一种内隐的社会活动过程,也是一种受教育者并未察觉的无意识教育方式。

目前,研究生学术教育更多地由显性教育主导。例如,以表达个人情感的方式进行学术道德讲座,导师与学生之间的面对面交流等。但是,对研究生学术道德的隐性教育尤为不足。实际上,隐性教育具有一定的优势,如弹性自由的内容和方法,不受时空限制等。

三、学术道德失范的危害

(一) 腐化学术环境,阻碍学术研究的发展与进步

学术研究始终肩负着追求真理、造福人类的崇高使命。践行学术界的崇高使命需要学术界全体成员的共同努力。研究生的学术道德失范行为无疑会对学术界产生负面影响,并阻碍学术研究的发展与进步。例如,一些研究生在学术研究中伪造窃取数据无疑会影响研究生学术职能的正常履行,而他们所获得的所谓的学术成就很难承担正常学术活动应承担的职责。学术研究的发展和进步离不开积累和传承。学术道德失范,不仅对个人有不好的影响,而且在一定程度上还会给其他研究者带来一定的误导,成为学术研究发展进步的障碍。

(二) 浪费资源,降低学术资源的利用效率

本质上,学术研究是人类社会的客观实践。学术研究的顺利开展必须有一定的资源支持。不同的社会实践活动需要的资源支持的内容和形式可能有所不同,但是无论如何,这些资源通常是建立在一定的物质基础上的。学术活动所需的资源支持是指政治、经济、文化和社会资源等方面的有力支持。尽管自改革开放以来,中国的社会经济建设取得了长足的发展和进步,资源优势进一步增强,但作为一个发展中国家,我们必须明确认识到我国的相关物质资源具有相对短缺的特点。在这种资源有限的情况下,党和政府为了满足国家储备学术研究人员的需要,集中相关研究经费,进一步完善研究生教育的投资机制,大力发展研究生教育。因此,作为当代研究生,应珍惜国家相关资源的投入,自觉遵守学术道德,提高学术研究能力,并努力使自己的能力和素质符合国家的需求。目前,一些研究生的学习意识下降,责任意识也有待加强。在学术研究中,他们是机会主义者,渴望获得快速成功和即时收益,甚至有一些学术道德失范的行为。这无疑在一定程度上造成了学术资源的浪费。研究生的学术道德失范降低了学术资源的利用效率。特别是在发表学术研究成果的过程中,这种负面影响更加突出。学术研究成果的发表需要一定的学术出版资源来支持,并且由于各种因素的限制,当前的学术出版资源,尤其是高质量的学术出版资源相

对稀缺。一些研究生运用不当手段获得不当研究成果,并发表这些所谓的研究成果,自然会占用有限的学术出版资源,最终导致学术资源的有效利用率降低。

（三）败坏学风,贻误学术新人的培养塑造

优良的学风是高校教学质量提高的基本条件之一,也是衡量高校教学质量的重要标准。优良的学风在学校发展和人才培养中起着重要的作用,是学校最宝贵的精神财富。具体来说,高校学风的内涵和外延是深远的。高校学风的核心往往隐含在学生的学习态度和学习精神中,并通过一些外部的和特定的行为得到体现。研究生学习活动的类型和形式与本科相比有了较大变化,更需要每位研究生自觉地保持优良的学风,尤其是在学术研究活动中,要秉持自强不息的科学精神、勤奋敬业的学习态度。但是,浮躁的风气,特别是某些研究生的学术道德失范行为,给建设优良学风带来了巨大的冲击和挑战。个别研究生自身缺乏学术素养,不重视学习和提高,成为机会主义的俘虏,以不当手段弄虚作假搞乱了学术环境,这是一种恶性循环,会影响整个研究生群体的优良作风。学术道德失范者"轻松"地以违反学术道德的方式获得学术成就并获得一定的"利益",对那些恪守学术道德、勤奋工作的人难免带来一定的影响,使其实际上处于竞争劣势,甚至会动摇自己内心的理想道德信念,最终极有可能导致学风败坏,贻误学术新人的培养塑造。

（四）折损高校及研究生群体声誉

培养人才、发展科学、服务社会是高校的重要责任。高校正是在履行上述职责的过程中,受到公众的尊重和称赞。高等院校又被称为"象牙塔",特别是当社会上出现道德滑坡和道德沦丧等不良现象时,人们倾向于以大学环境为参照物进行直接或间接的比较分析,无形中将大学视为社会的"纯净土地",并对大学寄予厚望。同样,作为知识分子,大学里的研究生历来受到社会的关注和尊重。在中国人的传统观念中,知识分子是"德"与"才"的统一。他们追求并坚持真理,社会和历史责任感强,代表着社会良知,是社会发展的骨干。历代以来,涌现出许多愿意为人民服务、为人正直的杰出知识分子代表。古往今来,知识分子在启迪社会、推动科学技术进步和社会经济发展方面发挥了巨大作用。但是,声誉作为一种无形的资产,需要用心维护,任何负面事件都可能对声誉造成一定的损害。随着网络的迅速发展,负面新闻的传播速度更快,传播范围也进一步扩大,学术道德失范现象将对高校及研究生群体的声誉产生更严重的负面影响。

(五)恶化社会风气,诱发社会道德危机

学术研究的一个重要目的是更好地了解、探索我们的主观和客观世界,促进人类更好地生存和发展。学术是真理的代名词,知识分子是真理的追求者,知识分子常常被当作权威的象征。在相关事件上,人们倾向于采纳学者的建议,有意识地或无意识地以知识分子为基准,尤其是面对社会不良风气与道德滑坡时,人们希望高校和知识分子可以发挥良好的示范作用。但是,值得指出的是,一些研究生的学术道德失范行为,尤其是媒体广泛报道的典型事件,不仅会使公众开始质疑当前的学术良心,而且会使他们对社会道德建设失望。更严重的是,如果学者的学术道德失范行为不能得到有效遏制,将直接导致他们在公众眼中的"基准"作用减弱,甚至可能产生负面的"示范"效应。对于研究生来说,一小部分研究生在学生时代通过违反学术道德的方式谋利,却没有受到相应的惩罚,这种行为对学术道德失范产生了"正激励",他们在往后的工作中可能也会通过违规行为以及违反纪律的方式来获取利益,从这种意义上来说,研究生的学术道德失范行为恶化了社会风气。

第三节 研究生学术道德教育策略

深化研究生教育综合改革,构建研究生教育质量保障和监督体系,从根本上提升研究生的学术素养和创新能力,是开展学术道德教育的基础支撑和防治学术不端的治本之策。我国可从加强研究生学术道德教育、完善与改进高校相关学术制度、构建优良的学术环境、发挥研究生的自律效能、有效借鉴国外经验等方面制定研究生学术道德教育策略。

一、加强研究生学术道德教育

(一)开设学术道德规范课程

在研究生学术道德教育工作中,首先要注意课堂的主要作用。一些研究生的学术道德意识相对匮乏,学术道德观念落后,高校有必要开设相应的学术道德课程,以普及与学术道德相关的具体知识,提升研究生对学术道德的认知能力。具体而言,第一,针对刚入学的研究生,开设一些与学术道德相关的必修课或选修课;第二,高校在聘请教师时,应严格把关,选择一些具有较高学术素养和职业道德的教师作为导师;第三,对学术道德课程成绩的评估应采取结构化的课程成绩评价方法,不仅要检查学生对学术道德理论的记忆和理解,还要结合学生平时表现,进行综合考核。

(二)增强学术道德教育的实践力度

一般而言,实践活动是理论知识、意识层面的观念得以检验的重要载体,也是加强理论认识的重要途径。学术道德教育不能脱离实践,培育学术道德,一定要注意加强实践,在具体实践中检验研究生的学术道德水平,通过具体行动解决学术道德问题,最终提高研究生群体的学术道德意识。研究生学术道德实践活动主要是通过特定的学术训练来完成的,根据研究生教育的特点,研究生的学术研究和培训活动主要由导师负责。因此,加强研究生学术道德教育的实践需要研究生导师的大力配合,并充分发挥应有作用。导师应将严格的学术训练活动作为研究生教育的重中之重,在指导学生参与相关研究的过程中,既坚持一定的指导思想,又给予研究生自主权,鼓励他们独立研究,参与学术交流,在学术训练中进一步加强研究生学术道德教育实践。此外,在其他日常教学环节中,特别是在论文写作方面,要加强学术道德教育,加强学术道德指导,将伦理学融入研究生学术研究实践。

(三)丰富学术道德教育的内容

正确的学术道德规范只是研究生学术道德教育的基本内容,换句话说,学术道德规范是学术道德的基础。学术道德教育的内容仍是可扩展的,因此,高校德育工作者必须进一步丰富学术道德教育的内容。除了基本的学术道德规范之外,学术道德教育的内容还包括学术精神教育、学术责任教育和学术创新教育。具体而言,要丰富研究生学术道德教育的内容,必须要弘扬学术精神,以高尚的学术道德为基准,应用古今中外著名学者的事迹丰富教学内容,引发研究生对学术精神的强烈共鸣。要进行学术责任教育。作为人类理解主观和客观世界的实践活动,学术研究活动的特点是要有责任意识。曾任美国斯坦福大学校长的肯尼迪教授在其《学术责任》一书中指出,学术责任已成为学者在学术活动中必须遵守的职业道德。因此,学术道德教育必须重视学术责任教育。学术责任教育主要分为两个方面:一是使学生了解学术责任的具体范围;二是使他们知道如何实际履行学术责任。要注意学术创新教育。一些研究生出现学术道德失范的原因是他们缺乏一定的学术创新意识和学术创新能力。因此,在学术道德教育中,有必要对研究生进行学术创新教育,挖掘和锻炼他们的学术创新能力,让他们在坚持基本学术道德的前提下积极创新。此外,在学术道德教育中,应加强知识产权知识教育,以提高研究生的知识产权意识。

(四)探索研究生学术道德教育的有效方法与途径

受传统思想政治教育方式的影响,目前绝大多数高校都采用单一的学术德育方法,即硬性灌输理论的模式。灌输理论确实是一种教学方式,在研究生学术道德教育中也可以起到一定的作用,如提高研究生对学术道德理论知识的记忆和理解等。但是,单一的理论灌输常常忽视了学生的内心感受,也很难有效地应对世界的发展变化。为了提高研究生学术道德教育的实效性,我们需要进一步探索学术道德教育的有效方法和途径。在具体的方法上,要突出主体教育。研究生群体的生理和心理年龄都比较成熟,自尊心和自我效能感及主体意识较强,教育工作者在学术道德教育工作中应尊重研究生的主体地位,一定要避免僵化、居高临下的说服教育,与学生平等交流,重视情感教育,运用良好的人文关怀引导学生树立高尚的学术道德。此外,在学术道德教育过程中渗透隐性教育,可以指导学生阅读科学家自传,如《居里夫人传》,观看电影和电视作品,如电影《钱学森》等,同时结合其他社会实践活动,间接渗透学术道德精神和学术研究精神。要根据时代和形式的变化,结合研究生日常获取信息的特点,在坚持课堂教学的同时,积极利用新媒体,如 QQ、微博、微信等开展学术道德教育。

(五)构建研究生学术道德教育长效机制

研究生的学术道德教育是一项需要长期坚持的系统工程,因此有必要建立一套可行的长效机制,以保证研究生学术道德教育的良好运行和发展。建立研究生学术道德教育的长效机制,可以从以下三个方面着手:首先,加强组织领导,建立研究生学术道德教育的领导机制,发挥高校行政部门的行政管理作用,同时应重视大学学术委员会的作用。其次,有必要构建学术道德教育的多元协同机制,努力在学术道德教育工作中形成研究生指导者、学院顾问和政治理论教师三位一体的教育模式。再次,建立研究生学术道德教育信息反馈机制,在研究生道德教育过程中对研究生学术问题及时有效地反馈和跟踪调查,促使研究生学术道德教育的领导机制与多元协同机制有效应对,确保学术道德教育的有效性。

二、完善与改进高校相关学术制度

(一)改进研究生学术考核与评价制度

改进研究生学术考核与评价制度是一项意义深远的工作,也是研究生培养的重要任务。完善研究生学术考核与评价制度,首先,要进一步明确研究生学术考核与评价的主体责任,特别是在学位论文的审查中,建立考核与评价主体责任制,促使学术考核与评价主体如研究生导师、学位论文答辩委员会等更好地发挥相应的职责。其次,在对研究生的学术成就进行考核时,应实现从数量考核到质量考核的重大转变,更加重视研究生学术成就的质量。尤其要根据学校的层次、学生的结构特点、学科特点等灵活调整学术考核制度,防止盲目确定过高的学术研究任务,特别是避免对研究生的学术成果量化评价。再次,学术成果评价应朝多元化的方向努力,即在研究生的学术成果评价中,应以多种形式对研究生的学术水平进行综合评价。例如,参加各种学术交流、学术沙龙、学术讲座、学术主题研究、学术会议等都可以作为评价指标。

(二)建立和完善研究生学术道德监管体系

建立和完善研究生学术道德监管体系是一项复杂的任务,它需要高等学校研究生教育主管部门、高等院校、二级学院、学科组、研究生导师、研究生辅导员和研究生的共同努力,同时也需要新闻媒体、学术期刊编辑等的支持和配合。具体而言,第一,建立专门的学术道德监督机构,例如成立学术伦理委员会等。2006年,教育部社会科学委员会下设"教育部社会科学委员会学风建设委员会",各高等院校亦应根据实际设立相应的学风建设部门,进行学风建设。第二,各监管主体要对研究生的学术道德进行细致、定期和长期的监督,辅导员及导师要明确各自的职责。第三,建立研究生的学术道德档案,记录从入学到毕业整个学习过程中研究生的学术道德状况。第四,高校应将内部监督与外部社会监督相结合,如加强与相关期刊编辑部门的合作,及时监测不良行为,如一稿多投、论文剽窃、数据造假等。实际上,知网已经开放了一个在线投稿管理平台,并且大多数期刊都正在使用该系统,编辑部可以动态地监督作者的投稿行为。但是现在缺乏与大学之间相互联系的监督机制。第五,在监督方式和手段上,顺应时代发展,拓宽学术道德失范问题的监测和举报渠道,充分利用现代信息技术手段开展学术道德失范网络监测,在保证基本隐私的前提下实现信息公开化、透明化。

(三)健全针对研究生学术道德的激励与惩戒制度

培养研究生的学术道德是一个不断强化的过程。美国著名心理学家斯金纳的强化理论提出:人或动物将采取某种行为作用于环境以达到某种目的,当这种行为的后果对己有利时,将反复出现这个行为。当这种行为的后果对己不利时,行为就会减弱或消失。根据强化理论,可以采用正强化或负强化的制度和体系来提高研究生的学术道德水平。所谓正强化,是将精神奖励和物质奖励与积极激励体系相结合,例如,可以开展年度校园十大学术活动,对严格遵守学术道德和学术能力突出的优秀研究生授予荣誉称号,同时提供一定的物质奖励。所谓负强化,是指研究生出现学术道德失范时,根据情况予以相应的处罚。例如,对于确定已经出现学术道德失范行为的研究生,在道德教育评估中采用一票否决制,取消所有评奖资格。完善针对研究生学术道德的激励与惩戒制度的关键是建立相应的法律法规。仅依靠激励和惩戒制度约束力较弱,因此有必要制定与激励和惩戒制度相配合的法律法规,从而更好地发挥激励与惩戒制度的作用。

三、构建优良的学术环境

(一)营造良好的学术文化氛围

良好的文化氛围是滋养高尚道德情操的沃土。在宏观层面上,我们要把社会主义核心价值观教育作为一个重大机遇,利用先进社会主义文化武装研究生群体,加强对社会主义先进文化的宣传和普及。在微观层面上,有必要进一步加强校园学术文化建设,有意识地将学术文化因素纳入校园文化建设,突出学术文化定位,营造浓厚的学术文化氛围。在学术行为的文化建设方面,可以鼓励更多的研究生参加丰富多彩的主题活动,例如学术沙龙、学术辩论、学术诚信承诺书的签署等。为了进一步彰显研究生学术文化的魅力,在条件允许的前提下,可以尝试举办研究生学术文化节,例如温州医科大学每年举办的研究生学术文化节。文化节期间研究生自导自演的各种学术道德失范场景,生动直观,轻松且贴近校园生活,使研究生直观地认识到学术不端行为的各种形式及其危害。

(二)加强舆论宣传与引导

道德建设离不开一定的舆论宣传与引导。媒体既可以通过积极宣传,树立优秀的道德模范,也可以通过对道德失范行为的有力暴露,形成一种强烈舆论,使有道德失范问题的人及时纠正,有潜在道德失范隐患的人悬崖勒马。同样,学术道德建设亦需要发挥舆论宣传和新闻媒体引导的作用。例如,可以通过主流媒体播放与学术道德有关的公益广告。为了提高舆论宣传的针对性和有效性,可以利用知名学术网站和知名学术期刊来宣传学术道德。同时,对严重的学术道德失范问题,要借助主要新闻媒体网络进行及时、完整和彻底的曝光,形成强大的舆论效应,使学生切实感悟、尊重学术道德,逐渐形成坚决抵制不良学术氛围的舆论环境,树立诚信的社会风尚。

(三)规范学术出版市场

学术成果的发表过程有时会伴随着学术道德失范。学术成果发表的主渠道就是学术出版单位,出版市场的规范、健康、有序发展是防范与治理学术道德失范问题的重要保障。首先,政府要对学术出版市场进行合理监管,针对当前有些出版社、期刊过于注重经济效益而不太注重社会效益的行为进行重点监控,严格控制书号、刊号的批准数量,对那种依赖刊号而盲目收取版面费的期刊视情节严重程度采取限制发行量、降低级别、责令整改、取消刊号等系列处罚措施。在此基础上,政府应划拨专项资金用于支持学术出版市场的发展。全国哲学社会科学工作办公室采取了一些措施,如定点投入国家社会科学基金,这对确保出版物的良性发展,起到积极的推动作用。相应地,地方财政也应采取积极行动,以有针对性和计划性的方式为地方学术期刊提供必要的财政支持。此外,编辑除了需要具备一定的编辑业务知识外,还需要具有一定的学术素养。这种素养对于编辑判断来稿的学术价值具有很大作用。最后,在学术成果发表环节,评审应进一步规范化,可采取双向匿名评审等方式。

四、发挥研究生的自律效能

道德建设是道德他律与道德自律的统一,也就是说,道德原则的形成不仅与外部客观因素相关,更与主体自律密切相关。无论是德国古典哲学家康德,还是中国古代圣贤孔子和孟子都强调道德自律的重要性。另外,马克思主义认为事物的变化和发展是由内因和外因共同决定,但内因起着决定性作用。因此,应在注意他律的同时逐步提高研究生的自律意识。有强制意味的学术规范的作用不能被忽视,但学术道德的内部自律仍然起着非常重要的作用。研究生加强学术道德自律,需要从以下几个方面努力:一是进一步提高马克思主义理论素养,自觉坚定理想信念,树立正确的世界观、人生观和价值观,可以说,目前许多研究生的道德失范行为,很大程度上是因为三观不正,没有崇高的理想信念。二是在认识和实践学术道德的基础上,逐步增强学术道德情感,锤炼坚定的学术道德意志。三是吸收我国传统文化的精髓,树立认真独立的精神,将"慎独"思想贯穿日常学术研究。当学术行为和学术道德可能发生冲突时,要通过自律,克制自己的思想和行为,防止学术道德失范。

五、有效借鉴国外经验

国外大学和研究机构也一直在关注研究生学术失范现象,并对此进行了一系列的理论研究和实践治理,且取得了一定的成果。为了提高治理效率,我们可以有选择性地借鉴。例如,美国的大学更加重视荣誉制度。其一,建立简明的荣誉守则;其二,让学生在入学前签署荣誉守则或诚信承诺,并以此作为入学的前提;其三,要求学生承诺在考试中保持诚信,以确保学生在考试时坚守学术诚信。加拿大更加注重通过生动有趣的教学方法改进学术道德教育课程。加拿大滑铁卢大学的学术道德教育课程不乏味、不单调,生动有趣,学校注重以一种不易察觉的方式培养研究生的学术规范意识。具体的教学方法包括课文讲解、图片欣赏、视频动画片观看、案例分享等。法国成立了国家科学研究中心科学伦理委员会,其主要任务是教育研究人员尊重科学伦理,正确处理个人研究自由与社会义务之间的关系,以增强他们的责任感。我国应紧密结合高校研究生群体的各种实际情况,积极大胆借鉴国外预防和管理学术道德失范问题的经验,将其应用于我国高校研究生学术道德失范问题的预防与管理实践中。

课后思考题

1. 学术道德失范行为有哪几种类型？
2. 作为学生应该如何遵守学术道德？
3. 你对学校建立和完善学术道德监管体系有哪些建议？

写完后至少看两遍,竭力将可有可无的字、句、段删去,毫不可惜。

——鲁迅

主要的是:不要急于写作,不要讨厌修改,而是把同一篇东西改写十遍、二十遍。

——列夫·托尔斯泰

第十二章　研究生学术论文写作

提高研究生科研能力的一项重要举措就是提高研究生学术论文写作能力。写好论文要善于发现问题，具有创新意识、创新精神和创新思维，并能综合运用知识创造性解决问题，这是一种综合素质的体现。

第一节　学术论文写作的价值

学术论文有多种形式，如期刊论文、学位论文、会议论文和科技报告等。

学位论文写作是先确定一个专业领域的主题，然后围绕这个主题来撰写论文，以展示研究生所学的专业理论知识是否扎实，是否具备对该专业领域的研究能力，导师及学院通过论文来评估研究生是否达到了培养目的，是否达到了研究生所申请学位的相应要求。期刊论文的写作与发表是以解决某个实际的专业问题为目的，研究者通过发表期刊论文去填补专业领域的不足和空白。学位论文和期刊论文在读者对象、研究深度、创新程度、语篇结构、篇幅长短等方面都有所不同。

一、学术论文写作是研究生的自发需求

从研究生培养的视角来看，学术论文写作不仅是一个结果，更重要的是一个过程，是培养研究生学术素养和专业素养的重要措施。学术论文写作能够有效地培养研究生的学术规范素养，信息积累、筛选的能力和发现问题、分析问题、解决问题的能力，培养当代研究生所必需的批判性思维。

研究生应当通过国内以及国际专业期刊汲取最新的科研信息，并撰写学术论文，否则在研究生期间就很难打下扎实的理论功底，也很难开展高水平的科学研究。

二、学术论文写作能提高研究生的专业素养

如果说学术素养具有跨学科性，专业素养则具有特定学科和专业的相关特

点。专业素养是指科学研究中应具备的专业思维、专业技能、专业研究范式和专业话语方式。专业素养的养成不是一朝一夕的事情,需要在学习中不断培养,学术论文写作是对专业素养培养结果的检验和进一步提升专业素养的绝佳途径。阅读大量文献、总结前人思想并进行创新对提高研究生专业素养有很大的作用。

研究生学习是为了进行学术研究,发现并创造新知识,研究生教育是为了培养有科研能力并能够接受继续教育的人,提高专业素养是研究生期间必要的基本训练。

一般来说,撰写学术论文是提高专业素养的有效途径之一。学术论文的首要标准是论文是否以问题为导向。无病呻吟,随便找一个没有任何价值的问题去研究,然后写成论文去发表是不可能被接受的。但界定问题和提出复杂问题,尤其是提出一个具有一定学术价值或社会意义的新问题并非易事。学术论文写作会在一定程度上促进学生积极地去思考探索一个具有问题导向而且有一定学术新意和应用价值的课题。因此,学术论文写作可以提高研究生的专业素养。

第二节 研究生论文写作中存在的问题

学生在论文写作过程中存在选题缺乏创新性、基础知识不够扎实、语言表达能力有待提高及学术行为不端等问题。这些问题会直接影响学术论文的质量。

一、论文选题不合适,缺乏创新性

众所周知,撰写论文时,一个好的选题,便是成功的一半。但是在论文撰写初期,很多研究生都没有认真对待论文选题,文献的阅读量远远不够,草草地确定了自己的论文选题,这导致在正式开始写论文时却发现很多问题都难以继续研究下去。有些论文选题不具备实用性,研究价值不高,没有研究意义;有些论文选题过于宽泛和宏观,论文内容便显得过于空洞,没有办法进行深入研究;还有些论文选题不具备前沿性,研究的都是以往研究中常见的问题,这样的选题不够新颖,缺乏创新性。

二、基础知识不够扎实

有些研究生在求学期间对自己的学业要求低,专业知识了解也不够,学习对他们来说只是为了能够毕业,没有全身心投入学术研究,因此在写论文时常常感到无从下手。再者,越来越多的学生存在跨考情况,没有本科期间的基础知识作为地基,也没有及时弥补基础知识的不足,在研究生期间要从头学起,导致理论知识不扎实。在这种情况下,学术论文的撰写自然存在困难,质量自然也比较低。

三、语言表达能力有待提高

学生在研究生阶段学到了很多关于论文结构、投稿注意事项、如何对审稿人意见进行回复并对论文进行修改等方面的知识,但是对提高语言水平的学习却尚显不足。除了学校应有针对性地开设课程外,学生也要在平时注重提高自己的语言水平,经常练习写作,让自己能够清晰、准确、有逻辑地表达自己的思想。

四、学术行为不端

个别研究生在读期间由于知识积累不够、选题不合适和平时的写作练习不够等,撰写论文时写不出来,可是学校又有时间限制,所以采用拼凑、造假、抄袭或者寻找代写等不正当手段去完成论文。

学术行为不端的后果是十分严重的,不但会影响学生的毕业、就业等,而且对学术科研的发展也有着恶劣的影响。所以研究生在论文写作时,要坚决杜绝拼凑、抄袭、代写等不端行为。

第三节 研究生学术论文写作能力提升的路径

学术论文是衡量研究生学术水平的一个重要尺度。它对研究生毕业、就业等有着十分重要的作用。本节重点论述提升研究生学术论文写作能力的路径。

一、推进研究生培养单位的学科建设

学科建设在研究生培养单位建设中处于龙头地位。学科建设与研究生教育也是相辅相成、相互依托的:一方面,学科建设为研究生培养提供支持,学科的科研课题和科研经费的增加为研究生培养质量提高提供物质保障;另一方面,研究生培养又促进学科建设发展,研究生全过程参与完成课题研究,保障了学科科研课题的顺利结项。因此,注重学科建设是加强研究生教育的必然要求。在学科建设中,要避免"千校一面"的建设格局,虽然研究生培养单位在学科建设过程中,都注重科学研究、团队建设、人才培养、制度建设,但由于起点不同、投入不同、地域不同,势必造成相同的学科在建设过程中水平不一,想要推动本单位的学科建设,就要立足学科优势、特色。

二、加强研究生导师队伍的建设

师傅领进门,修行靠个人,这句话告诉我们,内因是事物发展的根据,外因是事物发展的外部条件。但在研究生培养过程中,导师是第一责任人,导师的水平直接影响研究生培养质量。研究生培养单位一般都通过建立研究生导师团队来弥补个别导师在某个方面的不足,促使研究生导师和研究生尽快进入角色,明确不足与短板,进而提高自身素质。这种做法还是行之有效的。但我们不应满足仅打造一支研究生导师团队,而是要打造一批高水平研究生导师团队。学科带头人采用内部培养和外部引进相结合的模式,负责遴选学科不同研究方向的团队带头人、学科后备带头人,再让他们负责协调学科不同研究方向的导师团队建设,从而打造一支具有潜力的高水平研究生导师团队,让学生在优秀导师的引导下提升论文写作能力。

三、规范论文写作过程管理,严把学位论文开题关

选题是论文质量好坏的关键,具有创新性的论文选题有利于激发研究生科学研究的潜力。严把学位论文开题关,要特别注意以下三个细节:一是注意论文选题方向是否符合研究生所读专业的研究方向,如选题方向不符合研究生所读专业的研究方向,无论毕业学位论文写得如何,在匿名评审时都会被一票否决;二是在开题前,研究生是否大量阅读经典文献,是否对选题进行深入思考;三是在开题时,开题小组要对选题方向、论文提纲、写作逻辑认真把关,如不能达到标准,则不能进入论文写作阶段,要重新开题。高校应对现有的学位论文过程管理体系进行完善,以提高研究生学位论文的质量。

四、增加研究生教育资源投入

由于目前研究生教育的大众化,研究生数量增长相对较快,而很多教育资源无法同步增长,这在某种程度上影响了研究生的教育质量。因此,为了提高研究生学术论文质量,应增加研究生的教育资源投入。应进一步建立健全多渠道筹集经费机制,完善研究生奖助体系,加大资助比例,提高资助水平。

五、增强研究生自主提高学术论文写作水平的意识

影响研究生学术论文质量的内部因素主要是指研究生的个人因素,包括个人学术基础、学习方式、进取心、学术意识、创新精神等等。完成高水平的学术论文需要研究生具有较高的个人素质。宽厚的理论基础、理性的思维和思辨精神、勤奋刻苦和勇于吃苦的奋斗精神、敏锐的视角和创新意识等等都是研究生应该注意培养的个人素质。除此之外,创新研究视角、关注文献综述、学会学术提问等也是提高学术论文写作水平的有效途径。

创新研究视角。在学科前沿的交叉地带选题,关注"热门冷做"和"冷门热做";充分占有资料,并以聚焦问题和观点创新为导向消化资料;采用引进自然科学、技术科学和相邻人文社会科学的方法而实现方法创新。构思论文框架的关键是找到一根能够有机串联材料的红线,常见的红线类型有:时间顺序、空间位置、过程阶段、结构要素、内容与形式、要点并列等。最好形成"演绎式"框架,"演绎式"就是按照演绎方法所要求的三段论格式来安排论文的框架。大前提是介绍与论文核心论点密切相关的普遍性道理;小前提是与论文核心论点密切相关的条件性内容;最后是推导出的结论。

关注文献综述。文献综述是研究生学位论文不可或缺的关键环节。文献综述作为学位论文写作的开篇,是学位论文的源头,其实质是请导师和外审专家来评判这个选题是否有研究价值,研究方法是否可行,论证逻辑是否有明显缺陷,对整篇学位论文能否起到提纲挈领的作用,其质量直接反映研究生学位论文的质量。文献综述是学位论文不可或缺的关键基础内容,具有举足轻重的作用,一篇学位论文若缺乏文献综述,通常被认为知识产权关系不清,直接影响评审结果,文献综述在学位论文评审中的重要性由此可见一斑。

学会学术提问。孕育新颖观点的研究生论文写作并不是家长里短的聊天,

而是对问题的尝试性解答,是一个提出问题、分析问题与解决问题的过程。从这个意义上说,研究生能否提出一个有价值的学术问题,直接关系论文写作的成败。之所以说提出一个学术问题而不是一般问题,是因为并不是所有的问题都能成为论文写作的主题。学术问题是指现有的知识库存不能解决或解答的问题,而不是由于个体知识储备不足导致的认识困惑或实践矛盾。因此,要想提出学术问题,就需要围绕拟研究的问题进行文献阅读,搞清楚已有成果对拟研究的问题进行过哪些探讨,提供了一些什么样的解释,这些解释还存在哪些不足或缺陷。

增强自省意识,积极修改论文。自省意识是指针对自己所提出的新颖观点,要反复地进行推敲与论证,看一看是否还存在漏洞与缺陷。即使新颖观点能够成立,也要考虑其前提性与适用性,既要寻找已有观点的瑕疵,也要质疑自己言说的缺陷,清楚自己的言说是基于何种前提、何种背景、何种论据才提出的。有些研究生对自己的论文常常自我感觉良好,缺乏自省意识,对他人的批评性建议,往往采取拒斥的态度,不能接受别人的批评与意见。其实,任何论文,只要抱着挑剔的眼光重新阅读,都能发现这样或那样的不足。因此,面对别人对自己论文的批评,即使批评有点苛刻,甚至存在误解,也应虚心接受。只有这样,论文写作才能更上一层楼,否则,就会深陷自以为是的泥潭,关闭成长的大门。

六、严厉惩处和打击论文造假行为

教育部已于2009年3月19日发出关于严肃处理高等学校学术不端行为的通知。通知规定高校对本校有关机构或个人的学术不端行为的查处负有直接责任。通知要求高校必须进行严肃处理的学术不端行为包括以下各项:抄袭、剽窃、侵吞他人学术成果;篡改他人学术成果;伪造或者篡改数据、文献,捏造事实;伪造注释;未参加创作,在他人学术成果上署名;未经他人许可,不当使用他人署名;其他学术不端行为。但论文造假现象仍在一定范围内存在。建议有关部门集中力量查处代写代发论文的非法机构,取缔相关组织机构,追究相关责任人的法律责任。对请人代写代发论文的作者予以通报批评、取消职称评定资格以及降级聘用等处分。对明知论文造假而予以发表的期刊负责人和直接责任人也要严肃处理。建议由政府部门成立负责处理学术不端行为的专门机构,专门调查和处置学术研究中的不诚信行为,并随时在网站上公布违规者的姓名、单位、违规情节和处置决定,让造假者无处藏身。

【案例】

目前就读于某高校的一名博士生提到,她和身边的同学在写论文过程中都遇到过很多困难,也会因为写论文而焦头烂额,但最后还是通过自己的努力和坚持成功完成论文写作。她就研究生学术论文写作分享了以下几点经验。

古人曰:"凡事预则立,不预则废。"撰写论文应当提前做好准备,尽早阅读文献、尝试写作。撰写论文是科研工作必不可少的一部分。学习中,有些导师会不断督促学生的学习和论文写作,而有些导师太忙了,没有太多的时间总是主动管学生。因此,学生要清楚,要自己对自己负责,最好尽早确定自己的研究方向和主题。导师会在过程中给予指导。

必须要清楚每一阶段的研究工作都是十分重要的。在研究生一年级,要广泛阅读文献,不断进行深入思考,激发自己的灵感。这个阶段可能比较难熬,因为感觉每天都在阅读文献,可是自己的研究却停滞不前,一定要坚持下去,因为该阶段对整个学术生涯至关重要,同时也是产生想法的关键时期。大量阅读文献,明确自己的研究方向并尽快形成文献综述是开展学术研究、形成论文的关键。在阅读文献时,一定到注重整理,要把涉及作者观点性表述的段落整理下来,并阅读同一研究领域多个学者的文献,把每个作者的观点都进行整理,然后以时间轴或者横向方式进行梳理。这个作者用了什么样的方法并提出哪些观点,那个作者用了什么样的方法提出哪些观点,要把他们的共同性找出来,差异性也找出来,进而完成观点的整理。

克服心理障碍。在研究生生涯早期,就必须培养提升自己的心理素质,避免在之后的科研中被各种各样的挫折所打击。如果某段时间对学习有所放松,那么就可能会遇到来自课程、语言以及各种压力的袭击。要明白,写论文如同做其他事情一样,不可能做到绝对完美,论文中总会出现各种问题。所以请务必沉下心,规划好各个阶段,并付出最大的努力去写论文、完善论文。

要多参加学术会议。参加学术会议能够看到各地很多优秀的学者和学生在认认真真做研究,就会发现原来科研也是一件很有趣的事情。在聆听其他学者汇报和交流的过程中,可能会因思想碰撞产生一些新的想法,也能够提高自己的表达沟通能力。所以,在参加学术会议时要有目的性地去听一些与自己的研究领域相关的报告,在参会期间投入更多精力去交流学习。

某高校研究生三年级在读学生分享了几点写作心得和技巧。

首先,就是论文的选题,要根据自身的实际情况,结合导师的指导建议,选择一个符合自己实际情况的题目。在写作的过程中要保持自信,不断寻求解决困难的办法。

其次,思路要清晰,从整体上对论文要有一定的把握,思路决定你的写法。在论文写作过程中,要用简明扼要的话总结自己的观点,让别人能领会你的观点。

再次,文中的脚注和参考文献要全面。在论文写作过程中不可能不引用前人的观点,那么就要在论文中标注出来,表明文献的出处,否则就有可能涉嫌抄袭。

第四节 研究生学术论文写作能力提升的多元主体责任

研究生学术论文写作能力的培养是一个系统工程,是多种因素影响下的一个复杂过程,是多方面环境因素的有效耦合,需要多种因素长期不懈地密切配合、紧密协作,需要研究生本人、导师队伍、外部环境、培养模式等各要素的创新和改进,不仅要注意培养制度的科学性,还要注意培养工作的持久性。随着研究生教育改革的不断深化,社会对高层次人才的培养质量要求越来越高,只有不断更新培养思路,引进科学的管理方法,推行合适的教学手段和方法,才能逐步提高研究生的学术论文写作能力。

一、研究生自身的责任

研究生的自身因素是研究生学术论文写作能力提升的决定性因素。部分学生对学位论文的重要性认识不足,认为学位论文写作只是走形式,随便写写,参加答辩就能获得文凭。他们对专注科研没有兴趣,学习态度不认真,等到临近答辩才匆忙拼凑,草草了事。一些研究生在学习过程中忙于各种兼职,无心专注科研;有些研究生不愿意付出艰辛劳动,在研究过程中偷工减料,减少调查数据,缩小研究范围,甚至伪造实验数据;还有些研究生论文写作技能训练不足,不懂检索,不会构思论文,语言匮乏,使学位论文的质量难以得到保证。

当下,有些研究生只是把论文写作当作完成学业的外在规定,而忽略了论文写作对学术研究的意义,从而使学术论文写作蜕化为获得外在功利、荣誉等的手段。那种简单地通过复制、粘贴而不动脑认真思考的论文写作,就只是将论文写作当作了换取学分、荣誉等的"敲门砖"。实际上,这种作为即使一时得逞,从长远看也得不偿失。因为此种作为往往让人习得投机取巧的恶习,使学术研究涵养自身高贵品质之功效尽失。研究生应少一点眼前利益的羁绊,多一点对高远理想的追求,少一点学术消费的重复,多一点推陈出新的创造,博学、审问、慎思、明辨、笃行,在学术耕耘中增长知识、提升素养,提高自己的学术论文写作能力。

二、高校的责任

高校应当为研究生创造一个良好的科研环境。科研环境是影响研究生培养质量的重要因素,良好的科研环境有利于研究生学术论文质量的提高。学术论文撰写的过程是研究生在批判吸收现有知识的基础上创造新知识的过程。在这个过程中,要有充足的图书期刊资料、必要的实验设备以及必需的经费投入。充足的能反映当代科技前沿的图书期刊资料是研究生学术论文实现创新的重要保障;必要的先进的实验设备是研究生开展科学研究的前提条件。否则,完成高质量的学术论文根本是不可能的。

由于研究生学术论文的撰写过程是创造新知识的过程,因此很难一个人完成。如果有研究方向相同或相近的科研团队,成员间相互交流,可为学术论文的撰写提供思路,从而产生高质量的学术论文。同时,高校也可以就某一热点问题邀请专家学者和研究生一起讨论,在浓厚的学术氛围中使研究生进行更广泛和更深刻的研究。

三、导师的责任

学术论文应该是研究生在导师的指导下完成的。导师的角色定位、自身素质和对学术论文撰写的指导都与研究生学术论文的质量密切相关。

首先是导师的角色定位。在学术上,导师首先应该是研究生的指导者和评价者;在生活中,导师应该是研究生的支持者和朋友。导师应与研究生充分交流,对研究生形成良性指导,对研究生的学术论文撰写发挥最大限度的积极影响。

其次是导师自身的素质。导师是否具有较强的创新素质和较高的学术水平对研究生的学术论文质量影响颇大。高素质的导师往往能发现值得研究的问题,指导研究生进行论文选题。选题的好坏直接影响研究生是否可以创作出高水平且有实用价值的论文。

再次是导师对学术论文撰写的指导。研究生撰写学术论文离不开导师的指导。然而,由于近年来多数高校导师数量的增长速度跟不上研究生招生规模的扩大,从而出现"一师多生"的现象。同时,有些导师忙于自己的行政公务或者科研工作,对研究生的指导较少,这对研究生学术论文质量的提高也有较大影响。

课后思考题

1. 研究生撰写学术论文有什么价值?
2. 研究生应当如何提升学术论文写作能力?

参考文献

[1] 许又新. 神经症[M]. 北京:人民卫生出版社,1993.

[2] 郭念锋. 临床心理学[M]. 北京:科学出版社,1995.

[3] 姜长青. 心理测量学[M]. 长春:吉林教育出版社,2004.

[4] 岳晓东. 心理咨询基本功技术[M]. 北京:清华大学出版社,2015.

[5] 张亚林,曹玉萍. 心理咨询与心理治疗技术操作规范[M]. 北京:科学出版社,2014.

[6] 中国心理卫生协会. 心理咨询师教程[M]. 北京:民族出版社,2005.

[7] 郭念锋. 心理咨询师[M]. 北京:民族出版社,2005.

[8] 弗立克·M. 达提里欧. 夫妻家庭治疗案例研究:认知和系统的观点[M]. 陈曦,译. 北京:世界图书出版公司,2007.

[9] 赵春音. 人本主义心理学创造观研究[M]. 北京:世界图书出版公司,2013.

[10] 雅斯贝尔斯. 什么是教育[M]. 邹进,译. 北京:生活·读书·新知三联书店,1991.

[11] 车文博. 心理咨询大百科全书[M]. 杭州:浙江科学技术出版社,2001.

[12] 徐少锦,温克勤,王小锡,等. 伦理百科辞典[M]. 北京:中国广播电视出版社,1999.

[13] 李迎春. 心理学[M]. 北京:北京希望电子出版社,2014.

[14] 程如平. 大学生职业发展与就业指导[M]. 厦门:厦门大学出版社,2009.

[15] 程艺. 大学生职业发展与就业指导[M]. 合肥:安徽大学出版社,2016.

[16] 赵婷婷. 大学何为:理想与现实间的冲突及协调[M]. 北京:高等教育出版社,2006.

[17] 刘祖汉,俞洪亮,等. 研究生培养立德树人研究[M]. 南京:南京大学出

版,2018.

[18] S.拉塞克,G.维迪努.从现在到2000年教育内容发展的全球展望[M].马胜利,高毅,丛莉,等,译.北京:教育科学出版社,1996.

[19] 杨伯峻.春秋左传注:第3卷[M].北京:中华书局,2009.

[20] 袁贵仁.马克思的人学思想[M].北京:北京师范大学出版社,1996.

[21] 陈秉公.思想政治教育学原理[M].沈阳:辽宁人民出版社,2001.

[22] 曾国屏,高亮华,刘立,等.当代自然辩证法教程[M].北京:清华大学出版社,2005.

[23] 付菲.研究生心理健康问题与教育对策[J].人力资源管理,2010(04).

[24] 马香丽.研究生心理健康问题成因及对策[J].大学教育,2014(11).

[25] 陈文妍.高校研究生心理健康问题浅析[J].学理论,2013(06).

[26] 尹红霞,王红菊,赵银.新媒体背景下研究生心理健康教育途径研究[J].心理月刊,2020,15(14).

[27] 赵建东.研究生心理压力成因分析及缓解策略研究[J].高教学刊,2016(02).

[28] 竺铝涛.研究生心理健康教育问题与对策分析[J].纺织服装教育,2020,35(02).

[29] 宋晓东,宋美霞.大学生幸福观中常见的认识误区及纠偏:来自PERMA模式的启示[J].高教学刊,2016(02).

[30] 耿刚.新形势下高校研究生心理压力分析与应对策略研究[J].科教导刊(下旬),2016(05).

[31] 赵馥洁.谈研究生导师的素质[J].学位与研究生教育,2008(02).

[32] 逄峰.高校思想政治理论课教学中"新闻教学"模式的应用[J].中国成人教育,2015(19).

[33] 史裕曙,许文芬.关于建立大学生心理健康教育体系的思考[J].职业圈,2007(03).

[34] 俞国良,侯瑞鹤.论学校心理健康服务及其体系建设[J].教育研究,2015(08).

[35]郭慧梅.博士研究生心理健康状况及干预建议[J].黑龙江高教研究,2017(08).

[36]丁笑生.关于高校心理健康教育工作队伍建设的思考[J].思想教育研究,2017(06).

[37]蔡晶晶,房春燕,郭锦锦,等.高校立德树人根本任务的实现路径研究[J].西部素质教育,2019,5(05).

[38]刘晓君."90后"大学生价值选择的冲突与融合[J].重庆科技学院学报,2015(06).

[39]苏国红,李卫华,吴超.习近平"立德树人"教育思想的主要内涵及其实践要求[J].思想理论教育导刊,2018(03).

[40]钱嫦萍,胡博成.新时代研究生导师立德树人的时代内涵、现实难题和实现路径[J].思想理论教育,2019(09).

[41]刘晓喆.研究生导师立德树人职责何以"全面落实"[J].学位与研究生教育,2019(06).

[42]高德毅,宗爱东.课程思政:有效发挥课堂育人主渠道作用的必然选择[J].思想理论教育导刊,2017(01).

[43]教育部印发《关于全面落实研究生导师立德树人职责的意见》[J].教育探究,2018,13(01).

[44]赵立莹,刘晓君.研究生教育立德树人:目标体系、实施路径、问责改进[J].学位与研究生教育,2018(08).

[45]卢勃,刘邦卫,鲁伟伟,等.从管理到治理:研究生教育立德树人的四维建构[J].研究生教育研究,2019(02).

[46]王勋,马琳慧.中华优秀传统文化融入研究生导师立德树人职责研究[J].四川轻化工大学学报(社会科学版),2020,35(03).

[47]郑爱平,张栋梁.立德树人根本任务指引下研究生导师师德建设研究:基于12所高校1496名师生的调查分析[J].研究生教育研究,2017(04).

[48]秦莹,屈晓婷.基于立德树人的新时代研究生导生关系建构研究[J].辽宁大学学报(哲学社会科学版),2019,47(05).

[49]KHAWAS E L. Quality assurance as a policy instrument:what's ahead?

[J]. Higher education, 2013, 19(02).

[50] 朱太锐, 程翠玉, 徐先蓬. 面向立德树人根本任务的研究生导师责权机制建设[J]. 学位与研究生教育, 2020(12).

[51] 赵玉石, 刘亚娜. 立德树人: 应用型高校质量文化生成的新语境[J]. 思想理论教育导刊, 2019(04).

[52] 柳礼泉, 王俊玲. 立德树人视域下研究生导师德育自觉的提升路径探析[J]. 思想教育研究, 2016(02).

[53] 卢丽君. 立德树人视域下大学生理论学习实效的提升策略探析[J]. 思想理论教育导刊, 2013(12).

[54] 林伟连, 吴克象. 研究生教育中师生关系建设要突出"导学关系"[J]. 学位与研究生教育, 2003(05).

[55] 周全, 汤书昆. 博士生视角下和谐导学关系构建关键要素探析: 基于学生微博自我表露数据的研究[J]. 研究生教育研究, 2016(04).

[56] MCKINSEY E. Faculty mentoring undergraduates: the nature, development, and benefits of mentoring relationships[J]. Teaching & learning Inquiry, 2016, 4(01).

[57] 郑文力, 张翠. 基于心理契约视角的"导师-研究生"关系构建研究[J]. 研究生教育研究, 2019(05).

[58] 赵立莹. 从CGS《研究生教育2030: 展望未来行动指南》看我国的研究生教育改革路径[J]. 学位与研究生教育, 2018(03).

[59] 李全喜. 从导学逻辑到利益逻辑: 研究生科研中师生关系异化的生成机理及本质变迁[J]. 学位与研究生教育, 2016(12).

[60] 周文辉, 吴晓兵, 李明磊. 关于导师与研究生学术交流的调查研究[J]. 国家教育行政学院学报, 2012(06).

[61] 刘海珍. 组织成员心理契约失衡及重构[J]. 领导科学, 2017(21).

[62] 陈恒敏. 导师、研究生关系的内在属性冲突及其超越: 兼论一元主义雇佣关系的建构[J]. 江苏高教, 2018(01).

[63] 何作井, 李林, 周震. 论研究生教育中师生关系的异化与重构[J]. 外国教育研究, 2007(06).

[64] 王璐,褚福磊.新时代研究生导学关系异化的成因与现实出路:以心理契约为视角[J].内蒙古社会科学(汉文版),2018,39(06).

[65] LECHUGA V M. Faculty–graduate student mentoring relationships: Mentors' perceived roles and responsibilities[J]. Higher education, 2011, 62(06).

[66] 姚远,杨蒙蒙.朝向他在性:研究生导学关系反思与重构[J].黑龙江高教研究,2019(06).

[67] 谢铉洋.从木桶理论的发展史浅议管理研究方法[J].技术经济与管理研究,2013(04).

[68] 钱耕森,沈素珍.何谓"人和"及其如何可能:孟子论"人和"新解[J].中原文化研究,2015,3(02).

[69] 桑锦龙.我国高等学校师生关系的特点及治理[J].教育研究,2021,42(01).

[70] 许克毅,叶城.研究生人际关系新探[J].思想教育研究,2000(02).

[71] 罗成翼.论新时代高等教育的根本任务:学习习近平关于立德树人重要论述的思考[J].思想理论教育导刊,2020(01).

[72] 张舒,刘拓,夏方婧,等.大学生人际关系与心理健康的社会网络分析[J].中国心理卫生杂志,2020,34(10).

[73] 周莉,郭瑾瑾,王兴超,等.导师排斥感知对研究生心理健康的影响[J].学位与研究生教育,2020(04).

[74] 黄竹.少数民族大学生人际关系素质现状调查与分析[J].民族教育研究,2005(05).

[75] 吴意芬.高校研究生心理健康状况与应对策略分析[J].中共济南市委党校学报,2020(04).

[76] 王同军,司继伟.兴趣研究现状与进展[J].山东教育学院学报,2006(06).

[77] 俞国良.浅议中学生体育兴趣和爱好培养的重要性[J].教育教学论坛,2012(30).

[78] 钟琴.基于萨提亚模式下的大学生心理健康教育研究[J].高教学刊,2020(33).

[79]董云川,唐艳婷.试论研究生教育的生命力[J].研究生教育研究,2019(06).

[80]李艳丽,王强.我国博士生学术素养和学术职业能力的培养:以北京某985高校为例[J].学位与研究生教育,2012(09).

[81]袁本涛,王传毅,胡轩,等.我国在校研究生对国际高水平学术论文发表的贡献有多大?:基于ESI热点论文的实证分析(2011-2012)[J].学位与研究生教育,2014(02).

[82]BOB PERRY. Exploring academic misconduct: Some insights into student behaviour[J]. Active learning in higher education,2010,11(97).

[83]陈玉国.研究生学术不端行为防范体系的构建:基于学术共同体视域[J].中国科技期刊研究,2016,27(11).

[84]JULIA M,CHRISTENSEN HUGHES. Understanding Academic Misconduct[J]. Canadian journal of higher education,2006,36(01).

[85]龙献忠,陈方芳,刘绍云.论构建研究生学术道德教育的"三不"机制:基于"三不"反腐机制思想的启示[J].研究生教育研究,2018(01).

[86]郭跃,濮燕屏.论研究生学术不端行为治理规范体系的构建[J].学位与研究生教育,2017(01).

[87]向玉凡.道德认知发展视域下的科学共同体与学术道德:治理研究生学术失范的一种努力[J].高教探索,2018(07).

[88]石定芳,陈亮.心灵秩序重塑:新时代研究生培养的旨归与路径[J].现代教育管理,2020(11).

[89]杨斌,姜朋.大学的学术伦理之维[J].学位与研究生教育,2018(05).

[90]罗志敏,周倩.研究生科研诚信教育的本质与逻辑[J].学位与研究生教育,2020(05).

[91]朱炎军.研究生学术伦理的制度框架:基于社会学的新制度主义分析[J].研究生教育研究,2016(06).

[92]陈亮.场域理论视阈下的研究生学术不端行为深度透视[J].现代大学教育,2017(05).

[93]陈玉国.研究生学术不端行为防范体系的构建:基于学术共同体视域[J].中国科技期刊研究,2016,27(11).

[94]余利川.高校学院学术治理的价值失范与修复[J].北京理工大学学报(社会科学版),2021,23(01).

[95]蔡基刚.期刊论文发表与研究生学术素养和专业素养培养[J].学位与研究生教育,2020(07).

[96]邹志强,毛文娟.导师的行政职务对研究生论文质量和就业的影响:基于对天津市地方高校调查的实证研究[J].黑龙江高教研究,2016(08).

[97]张敏,曾丽珍.全日制硕士研究生学位论文质量保障体系思考[J].中国成人教育,2017(21).

[98]陈建梅,赵大伟.创业教育趋势下的学术型研究生学位论文质量保障研究[J].继续教育研究,2017(02).

[99]王健,孙琳.基于文献综述提高研究生学位论文写作水平[J].中国免疫学杂志,2017,33(05).

[100]马来平.研究生论文写作的六大关切[J].学位与研究生教育,2020(07).

[101]姚秀颖,李秀兵,陆根书,等.研究生学位论文质量影响因素研究[J].学位与研究生教育,2008(01).

[102]李润洲.研究生论文写作的思想创生:一种教育学的视角[J].学位与研究生教育,2017(02).

[103]曹燕宁.新媒体环境对高职院校大学生思想政治教育的影响与策略[D].苏州:苏州大学,2010.

[104]张兴春.新形势下研究生思想道德教育对策研究[D].南京:南京林业大学,2007.

[105]杨暄.素质教育的真正内涵究竟是什么[N].人民日报,2005－10－31.

附录 研究生心理测量工具

运用科学的心理测量工具是及时发现和鉴别研究生群体存在的心理问题的必要辅助手段。以下是从被国内外心理咨询机构认可的量表中筛选出的符合研究生年龄结构和心理状态的心理测量工具。

一、卡特尔16种人格因素问卷(16PF)

卡特尔16种人格因素问卷,是美国心理学家卡特尔教授编制的,简称16PF,后几经修订,形成若干版本。16PF适用于16岁以上的人群。经我国有关专家试用认为,16PF有较高信度和效度,最高信度达0.92(忧虑性因素)。16PF确定了16种人格特征,据此编制人格量表,这16种因素的名称及符号是:乐群性(A)、聪慧性(B)、稳定性(C)、恃强性(E)、兴奋性(F)、有恒性(G)、敢为性(H)、敏感性(I)、怀疑性(L)、幻想性(M)、世故性(N)、忧虑性(O)、实验性(Q1)、独立性(Q2)、自律性(Q3)、紧张性(Q4)。

卡特尔16种人格因素问卷(共187道题目,测试时限30分钟):

1. 我很明了本测验的说明:

   A.是的 B.不一定 C.不是的

2. 我对本测验每一个问题都会按自己的真实情况作答:

   A.是的 B.不一定 C.不是的

3. 有度假机会时,我宁愿:

   A.去一个繁华的都市。 B.介于(A)与(C)之间。 C.闲居清静而偏僻的郊区

4. 我有足够的能力应付困难:

   A.是的 B.不一定 C.不是的

5. 即使是关在铁笼内的猛兽也会使我惴惴不安:

   A.是的 B.不一定 C.不是的

6. 我总是避免批评别人的言行：

　A. 是的　B. 有时如此　C. 不是的

7. 我的思想似乎：

　A. 走在了时代的前面　B. 不太确定　C. 正符合时代

8. 我不擅长说笑话讲趣事：

　A. 是的。　B. 介于（A）与（C）之间　C. 不是的

9. 当我看到亲友邻居争执时，我总是：

　A. 任其自己解决　B. 介于（A）与（C）之间　C. 予以劝解

10. 在社交场合中，我：

　A. 谈吐自然　B. 介于（A）与（C）之间　C. 退避三舍，保持沉默

11. 我愿做一名：

　A. 建筑工程师　B. 不确定　C. 社会科学的教员

12. 阅读时，我宁愿选读：

　A. 著名的宗教教义　B. 不确定　C. 国家政治组织的理论

13. 我相信许多人都有些心理不正常，虽然他们都不愿意承认：

　A. 是的　B. 介于（A）与（C）之间　C. 不是的

14. 我所希望的结婚对象应擅长交际但无须有文艺才能：

　A. 是的　B. 不一定　C. 不是的

15. 对于头脑简单和不讲理的人，我仍然能以礼相待：

　A. 是的　B. 介于（A）与（C）之间　C. 不是的

16. 受人侍奉时我常感到不安：

　A. 是的　B. 介于（A）与（C）之间　C. 不是的

17. 从事体力劳动或脑力劳动后，我比平常人需要更多的休息才能恢复工作效率：

　A. 是的　B. 介于（A）与（C）之间　C. 不是的

18. 半夜醒来，我会为种种忧虑而不能再入睡：

　A. 常常如此　B. 有时如此　C. 极少如此

19. 事情进行不顺利时，我常会急得掉眼泪：

　A. 从不如此　B. 有时如此　C. 极少如此

20. 我认为只要双方同意就可以离婚,不应当受传统礼教的束缚:

A. 是的　B. 介于(A)与(C)之间　C. 不是的

21. 我对于人或物的兴趣都很容易改变:

A. 是的　B. 介于(A)与(C)之间　C. 不是的

22. 筹划事务时,我宁愿:

A. 和别人合作　B. 不确定　C. 自己单独进行

23. 我常会无端地自言自语:

A. 常常如此　B. 偶然如此　C. 从不如此

24. 无论工作、饮食或出游,我总:

A. 很匆忙,不能尽兴　B. 介于(A)与(C)之间　C. 很从容不迫

25. 有时我会怀疑别人是否对我的言谈真正感兴趣:

A. 是的　B. 介于(A)与(C)之间　C. 不是的

26. 在工厂中,我宁愿负责:

A. 机械组　B. 介于(A)与(C)之间　C. 人事组

27. 在阅读时,我宁愿选读:

A. 太空旅行　B. 不太确定　C. 家庭教育

28. 下列三个字中哪个字与其他两个字属于不同类别:

A. 狗　B. 石　C. 牛

29. 如果我能重新做人,我要:

A. 把生活安排得和以前不同　B. 不确定　C. 生活得和以前相仿

30. 一生之中,我总能达到我所预期的目标:

A. 是的　B. 不一定　C. 不是的

31. 当我说谎时,我总觉内心不安,不敢正视对方:

A. 是的　B. 不一定　C. 不是的

32. 假如我手持一支装有子弹的手枪,我必须取出子弹后才能安心:

A. 是的　B. 介于(A)与(C)之间　C. 不是的

33. 朋友们大都认为我是一个说话风趣的人:

A. 是的　B. 不一定　C. 不是的

34. 如果人们知道我的内心世界,他们都会感到惊讶:

A. 是的　B. 不一定　C. 不是的

35. 在社交场合中,如果我突然成为众人关注的中心,我会感到局促不安:

A. 是的　B. 介于(A)与(C)之间　C. 不是的

36. 我总喜欢参加规模庞大的聚会、舞会或公共集会:

A. 是的　B. 介于(A)与(C)之间　C. 不是的

37. 在下列工作中,我喜欢的是:

A. 音乐　B. 不一定　C. 手工

38. 我常常怀疑那些过于友善的人的动机是否友善:

A. 是的　B. 介于(A)与(C)之间　C. 不是的

39. 我宁愿自己的生活像:

A. 一个艺人或博物学家　B. 不确定　C. 会计师或保险公司的经纪人

40. 目前世界所需要的是:

A. 多产生一些富有改善世界计划的理想家　B. 不确定　C. 脚踏实地的可靠公民

41. 有时候我觉得我需要做剧烈的体力活动:

A. 是的　B. 介于(A)与(C)之间　C. 不是的

42. 我愿意与有礼貌有教养的人来往,而不愿和粗鲁野蛮的人为伍:

A. 是的　B. 介于(A)与(C)之间　C. 不是的

43. 在处理一些必须凭借智慧的事务中,我的父母的确:

A. 较一般人差　B. 普通　C. 超人一等

44. 当上司(或老师)召见我时,我:

A. 总觉得可以趁机提出建议　B. 介于(A)与(C)之间　C. 总怀疑自己做错了什么事

45. 假使薪资待遇优厚,我愿意担任照料精神病人的职务:

A. 是的　B. 介于(A)与(C)之间　C. 不是的

46. 看报时,我喜欢读:

A. 对当前世界基本社会问题的讨论　B. 介于(A)与(C)之间　C. 地方新闻报道

47. 在接受困难任务时,我总是:

A. 有独立完成的信心   B. 不确定   C. 希望有别人帮助和指导

48. 逛街时,我宁愿观看一个画家写生,而不愿旁听人家的争论:

A. 是的   B. 不一定   C. 不是的

49. 我的神经脆弱,稍有刺激性的声音就会使我害怕:

A. 时常如此   B. 有时如此   C. 从未如此

50. 我早上起床的时候,常常感到疲乏不堪:

A. 是的   B. 介于(A)与(C)之间   C. 不是的

51. 我宁愿是一个:

A. 护林员   B. 不一定   C. 中小学教员

52. 逢年过节或亲友生日,我:

A. 喜欢互相赠送礼物   B. 不太确定   C. 觉得交换礼物是麻烦多事

53. 下列数字中,哪个数字与其他两个数字属于不同类别:

A. 5   B. 2   C. 7

54. "猫"与"鱼"就如同"牛"与:

A. 牛乳   B. 牧草   C. 盐

55. 在为人处世的各个方面,我的父母很值得敬佩:

A. 是的   B. 不一定   C. 不是的

56. 我觉得我有一些别人所不及的优良品质:

A. 是的   B. 不一定   C. 不是的

57. 只要有利于大家,尽管别人认为卑贱的工作,我也乐而为之:

A. 是的   B. 不太确定   C. 不是的

58. 我喜欢看电影或参加其他娱乐活动:

A. 每周一次以上(比一般人多)   B. 每周一次(与通常人相似)   C. 偶然一次(比通常人少)

59. 我喜欢从事需要精密技术的工作:

A. 是的   B. 介于(A)与(C)之间   C. 不是的

60. 在有思想、有地位的长者面前,我总较为沉默:

A. 是的   B. 介于(A)与(C)之间   C. 不是的

61. 对我来说,在大众前演讲或表演是一件不容易的事:

A. 是的   B. 介于(A)与(C)之间   C. 不是的

62. 我宁愿:

A. 指挥几个人工作   B. 不确定   C. 和团体共同工作

63. 即使我做了一桩贻笑大方的事,我也仍然能够将它淡然忘却:

A. 是的   B. 介于(A)与(C)之间   C. 不是的

64. 没有人会幸灾乐祸地希望我遭遇困难:

A. 是的   B. 不确定   C. 不是的

65. 一个人应该考虑人生的真正意义:

A. 是的   B. 不确定   C. 不是的

66. 我喜欢解决别人已弄得一塌糊涂的问题:

A. 是的   B. 介于(A)与(C)之间   C. 不是的

67. 我十分高兴的时候总有"好景不长"之感:

A. 是的   B. 介于(A)与(C)之间   C. 不是的

68. 在一般的困难处境下,我总能保持乐观:

A. 是的   B. 不一定   C. 不是的

69. 迁居是一桩极不愉快的事:

A. 是的   B. 介于(A)与(C)之间   C. 不是的

70. 在我年轻的时候,如果我和父母的意见不同,我经常:

A. 坚持自己的意见   B. 介于(A)与(C)之间   C. 接受他们的意见

71. 我希望我能够使我的家庭:

A. 成为适合自己活动和娱乐的地方   B. 介于(A)与(C)之间   C. 成为邻里社交活动的场所

72. 我解决问题多数依靠:

A. 个人独立思考   B. 介于(A)与(C)之间   C. 与人互相讨论

73. 需要"当机立断"时,我总:

A. 镇静地运用理智   B. 介于(A)与(C)之间   C. 常常紧张兴奋,不能冷静思考

74. 最近,在一两桩事情上,我觉得自己是无辜受累:

A. 是的   B. 介于(A)与(C)之间   C. 不是的

75. 我善于控制我的表情：

A. 是的　B. 介于(A)与(C)之间　C. 不是的

76. 如果薪资待遇相等，我宁愿做：

A. 一个化学研究师　B. 不确定　C. 旅行社经理

77. "惊讶"与"新奇"犹如"惧怕"与：

A. 勇敢　B. 焦虑　C. 恐怖

78. 下列三个分数中，哪一个与其他两个属不同类别？

A. 3/7　B. 3/9　C. 3/11

79. 不知什么缘故，有些人故意回避或冷淡我：

A. 是的　B. 不一定　C. 不是的

80. 我虽善意待人，却得不到好报：

A. 是的　B. 不一定　C. 不是的

81. 我不喜欢那些夜郎自大，目空一切的人：

A. 是的　B. 介于(A)与(C)之间　C. 不是的

82. 和一般人相比，我的朋友的确太少：

A. 是的　B. 介于(A)与(C)之间　C. 不是的

83. 除非迫不得已，我才参加社交集会，否则我总设法回避：

A. 是的　B. 不一定　C. 不是的

84. 在服务机关中，对上级的逢迎得当，比工作上的表现更为重要：

A. 是的　B. 介于(A)与(C)之间　C. 不是的

85. 参加竞赛时，我看重的是竞赛活动，而不计较成败：

A. 总是如此　B. 一般如此　C. 偶然如此

86. 我宁愿我所从事的职业有：

A. 固定可靠的薪水　B. 介于(A)与(C)之间　C. 薪资高低能随我工作的表现而随时调整

87. 我宁愿阅读：

A. 军事与政治的事实记载　B. 不一定　C. 一部富有情感与幻想的作品

88. 有许多人不敢行骗，主要原因是怕受到惩罚：

A. 是的　B. 介于(A)与(C)之间　C. 不是的

89. 我的父母(或监护人)从未很严格地要我事事顺从：

A. 是的   B. 不一定   C. 不是的

90. "百折不挠、再接再厉"的精神似乎完全被现代人忽视了：

A. 是的   B. 不一定   C. 不是的

91. 如果有人对我发怒，我总：

A. 设法使他镇静下来   B. 不太确定   C. 也会恼怒起来

92. 我希望人人友好相处：

A. 是的   B. 不一定   C. 不是的

93. 无论在极高的屋顶还是在很深的隧道中，我很少觉得胆怯不安：

A. 是的   B. 介于(A)与(C)之间   C. 不是的

94. 我只要没过错，不管人家怎样归咎于我，我总能心安理得：

A. 是的   B. 不一定   C. 不是的

95. 我认为凡是无法使用理智来解决的问题，有时就不得不靠权力来处理：

A. 是的   B. 介于(A)与(C)之间   C. 不是的

96. 我十六七岁时与异性朋友交往：

A. 极多   B. 介于(A)与(C)之间   C. 较别人少

97. 我在交际场合或所参加的组织中是一个活跃分子：

A. 是的   B. 介于(A)与(C)之间   C. 不是的

98. 在人声嘈杂中，我仍能不受妨碍，专心工作：

A. 是的   B. 介于(A)与(C)之间   C. 不是的

99. 在某些心境下，我常因困惑引起幻想而将工作搁置下来：

A. 是的   B. 介于(A)与(C)之间   C. 不是的

100. 我很少用令人难堪的话去伤害别人：

A. 是的   B. 不太确定   C. 不是的

101. 我更愿意做一名：

A. 列车员   B. 不确定   C. 制图师

102. "理不胜辞"的意思是：

A. 理不如辞   B. 理多而辞寡   C. 辞藻丰富而理由不足

103. "锄头"与"挖掘"犹如"刀子"与：

A. 雕刻   B. 切割   C. 铲除

104. 我常横过街道,以回避我不愿意打招呼的人：

A. 很少如此   B. 偶然如此   C. 有时如此

105. 在我倾听音乐时,如果别人高谈阔论：

A. 我仍然能够专心倾听,不受影响   B. 介于(A)与(C)之间   C. 我会因为不能专心欣赏而感到恼怒

106. 在课堂上,如果我的意见与老师不同,我常：

A. 保持沉默   B. 不一定   C. 当场表明立场

107. 我和异性朋友交谈时,竭力避免涉及有关性的话题：

A. 是的   B. 介于(A)与(C)之间   C. 不是的

108. 我待人接物的确不太成功：

A. 是的   B. 不尽然   C. 不是的

109. 每当考虑困难问题时,我总是：

A. 一切都未雨绸缪   B. 介于(A)与(C)之间   C. 不是的

110. 我所结交的朋友中,男女各占一半：

A. 是的   B. 介于(A)与(C)之间   C. 不是的

111. 我宁愿：

A. 结识很多人   B. 不一定   C. 维持几个深交的朋友

112. 我宁愿成为一名哲学家,而不愿做一名机械工程师：

A. 是的   B. 不确定   C. 不是的

113. 如果我发现某人自私不义时,我总不顾一切指责他的缺点：

A. 是的   B. 不确定   C. 不是的

114. 我善于设法去影响同伴,使他们能协助我实现我的目标：

A. 是的   B. 介于(A)与(C)之间   C. 不是的

115. 我喜欢从事戏剧、音乐、歌剧,或新闻采访等工作：

A. 是的   B. 不一定   C. 不是的

116. 当人们表扬我时,我总觉得不好意思：

A. 是的   B. 介于(A)与(C)之间   C. 不是的

117. 我认为现在最需要解决的问题是：

A. 政治纠纷　B. 不太确定　C. 道德问题

118. 我有时会无故地产生一种面临横祸的恐惧：

A. 是的　B. 有时如此　C. 不是的

119. 我在童年时，害怕黑暗的次数：

A. 极多　B. 不太多　C. 没有

120. 黄昏闲暇，我喜欢：

A. 看一部历史探险影片　B. 不一定　C. 读一本科学幻想小说

121. 当人们批评我古怪时，我觉得：

A. 非常气恼　B. 有些动气　C. 无所谓

122. 在一个陌生的城市找住址时，我经常：

A. 找人问路　B. 介于(A)与(C)之间　C. 参考市区地图

123. 朋友们声明要在家休息时，我仍设法怂恿他们同我一起外出游玩：

A. 是的　B. 不一定　C. 不是的

124. 在就寝时，我：

A. 不易入睡　B. 介于(A)与(C)之间　C. 极容易入睡

125. 有人烦扰我时，我：

A. 能不露声色　B. 介于(A)与(C)之间　C. 要说给别人听，以发泄愤怒

126. 如果薪资待遇相等，我宁愿做一个：

A. 律师　B. 不确定　C. 飞行员或航海员

127. 时间永恒是比喻：

A. 时间过得很慢　B. 忘了时间　C. 光阴一去不复返

128. 下列三项记号中，哪一项应紧接：×○○○○××○○○×××

A. ×○×　B. ○○×　C. ○××

129. 在陌生的地方，我仍能清楚地辨别方向：

A. 是的　B. 介于(A)与(C)之间　C. 不是的

130. 我的确比一般人幸运，因为我能从事自己乐意从事的工作：

A. 是的　B. 不一定　C. 不是的

131. 如果我急于想借用别人的东西而物主恰又不在,我认为不告而取亦无大碍:

　　A. 是的　　B. 介于(A)与(C)之间　　C. 不是的

132. 我喜欢向友人讲述一些我个人有趣的经历:

　　A. 是的　　B. 介于(A)与(C)之间　　C. 不是的

133. 我更愿意做一名:

　　A. 演员　　B. 不确定　　C. 建筑师

134. 工作学习之余,我总是做好安排,不使时间浪费:

　　A. 是的　　B. 介于(A)与(C)之间　　C. 不是的

135. 与人交际时,我常会无端地产生一种自卑感:

　　A. 是的　　B. 介于(A)与(C)之间　　C. 不是的

136. 主动与陌生人交谈,对我来说:

　　A. 毫不困难　　B. 介于(A)与(C)之间　　C. 是一件难事

137. 我喜欢的音乐,多数是:

　　A. 轻快活泼　　B. 介于(A)与(C)之间　　C. 富于情感

138. 我爱做"白日梦",即"完全沉浸于幻想之中":

　　A. 是的　　B. 不一定　　C. 不是的

139. 我认为未来二十年的世界局势定将好转:

　　A. 是的　　B. 不一定　　C. 不是的

140. 童年时,我喜欢阅读:

　　A. 神话幻想故事　　B. 不确定　　C. 战争故事

141. 我素来对机械、汽车、飞机等有兴趣:

　　A. 是的　　B. 介于(A)与(C)之间　　C. 不是的

142. 我愿意做缓刑释放的罪犯的管理人:

　　A. 是的　　B. 介于(A)与(C)之间　　C. 不是的

143. 人们认为我只不过是一个能苦干,稍有成就的人而已:

　　A. 是的　　B. 介于(A)与(C)之间　　C. 不是的

144. 在逆境中,我总能保持精神振奋:

　　A. 是的　　B. 介于(A)与(C)之间　　C. 不是的

145. 我认为节制生育是解决世界经济与和平问题的要诀：

A. 是的　B. 不太确定　C. 不是的

146. 我喜欢独自筹划，不愿受别人的干涉：

A. 是的　B. 介于(A)与(C)之间　C. 不是的

147. 我认为"上司不可能没有过错，但他仍有权做领导者"：

A. 是的　B. 不一定　C. 不是的

148. 我总设法使自己不粗心大意、忽略细节：

A. 是的　B. 介于(A)与(C)之间　C. 不是的

149. 与人争辩或险遭事故后，我常发抖，精疲力竭，不能安心工作：

A. 是的　B. 介于(A)与(C)之间　C. 不是的

150. 没有医生的处方，我从不乱用药：

A. 是的　B. 介于(A)与(C)之间　C. 不是的

151. 为了培养个人兴趣，我愿意参加：

A. 摄影组　B. 不确定　C. 辩论会

152. "星火"和"燎原"对等于"姑息"和：

A. 同情　B. 养奸　C. 纵容

153. "钟表"与"时间"犹如"裁缝"与：

A. 西装　B. 剪刀　C. 布料

154. 生动的梦境常常干扰我的睡眠：

A. 时常如此　B. 偶然如此　C. 从未如此

155. 我过去曾撕毁一些限制人们自由的布告：

A. 是的　B. 介于(A)与(C)之间　C. 不是的

156. 在一个陌生的城市中，我会：

A. 到处闲逛　B. 不确定　C. 避免去较不安全的地方

157. 我宁愿服饰朴素大方，而不愿争奇斗艳惹人注目：

A. 是的　B. 不太确定　C. 不是的

158. 我认为安静的娱乐方式远胜过热闹的宴会：

A. 是的　B. 不太确定　C. 不是的

159. 我常常明知故犯,不愿意接受好心的建议:

A. 偶然如此　B. 罕有如此　C. 从不如此

160. 我总把"是非""善恶"作为判断或取舍的原则:

A. 是的　B. 介于(A)与(C)之间　C. 不是的

161. 我工作时不喜欢有许多人在旁观看:

A. 是的　B. 介于(A)与(C)之间　C. 不是的

162. 故意去为难一些有教养的人,如医生、老师等,是一件有趣的事:

A. 是的　B. 介于(A)与(C)之间　C. 不是的

163. 在各种课程中,我较喜欢:

A. 语文　B. 不确定　C. 数学

164. 那些自以为是、道貌岸然的人最使我生气:

A. 是的　B. 介于(A)与(C)之间　C. 不是的

165. 与循规蹈矩的人交谈:

A. 颇有兴趣,亦有所得　B. 介于(A)与(C)之间　C. 他们的思想肤浅使我厌烦

166. 我喜欢:

A. 有几个有时对我很苛求但富有感情的朋友　B. 介于(A)与(C)之间　C. 不受别人的干涉

167. 如果做民意投票时,我宁愿投票赞同:

A. 禁止精神病患者和智力低下的人生育　B. 不确定　C. 杀人犯必须判处死刑

168. 我有时会无端地感到沮丧和痛苦:

A. 是的　B. 介于(A)与(C)之间　C. 不是的

169. 当我与立场相反的人辩论时,我主张:

A. 尽量找出基本观点的差异　B. 不一定　C. 彼此让步以解决矛盾

170. 我一向重感情而不重理智,因此我的观点常动摇不定:

A. 是的　B. 不一定　C. 不是的

171. 我的学习多依赖于:

A. 阅读好书　B. 介于(A)与(C)之间　C. 参加集体讨论

172. 我宁愿选择一份薪资待遇高的工作,不在乎有无保障,而不愿做薪资待遇低的固定工作:

A. 是的　B. 不太确定　C. 不是的

173. 在参加辩论以前,我总是能坚持自己的立场:

A. 经常如此　B. 一般如此　C. 必要时才如此

174. 我常被一些无谓的琐事所烦扰:

A. 是的　B. 介于(A)与(C)之间　C. 不是的

175. 我宁愿住在嘈杂的城市,而不愿住在安静的乡村:

A. 是的　B. 不太确定　C. 不是的

176. 我愿意从事:

A. 少先队辅导员　B. 不太确定　C. 修表工作

177. "一人(　　)事,众人受累",我对这句话的反应是:

A. 愤　B. 偾　C. 喷

178. 望子成龙的家长往往(　　)苗助长:

A. 揠　B. 堰　C. 偃

179. 气候的转变并不影响我的情绪:

A. 是的　B. 介于(A)与(C)之间　C. 不是的

180. 因为我对于一切问题都有些见解,大家都公认我是个富有思想的人:

A. 是的　B. 介于(A)与(C)之间　C. 不是的

181. 我讲话的声音:

A. 洪亮　B. 介于(A)与(C)之间　C. 低沉

182. 人们公认我是一个活跃热情的人:

A. 是的　B. 介于(A)与(C)之间　C. 不是的

183. 我喜欢做出差机会较多的工作:

A. 是的　B. 介于(A)与(C)之间　C. 不是的

184. 我做事严谨,凡事都务求尽善尽美:

A. 是的　B. 介于(A)与(C)之间　C. 不是的

185. 在取回或归还东西时,我总仔细检查东西是否还保持原状:

A. 是的　B. 介于(A)与(C)之间　C. 不是的

186. 我经常精力充沛,忙忙碌碌:

A. 是的　B. 不一定　C. 不是的

187. 我确信我没有遗漏或漫不经心回答上面任何问题:

A. 是的　B. 不确定　C. 不是的

如需了解计分方法和测试结果,请扫描以下二维码:

备注:该量表需要在专业心理咨询人员的指导下完成,不建议个人独立完成。

二、症状自评量表(SCL90)

症状自评量表(SCL90)于1975年编制,是使用较为广泛的精神障碍和心理疾病门诊检查量表,本测验适用对象为16岁以上的人群,采用10个因子分别反映10个方面的心理状况。

该量表共有90个项目,包含较广泛的精神病症状学内容,通过感觉、情感、思维、意识、行为直至生活习惯、人际关系、饮食睡眠等,评定一个人是否有某种心理症状及其严重程度如何。它对有心理症状(即有可能处于心理障碍或心理障碍边缘)的人有良好的区分能力。适用于测查某人群中哪些人可能有心理障碍,某人可能有何种心理障碍及其严重程度如何。不适用于躁狂症和精神分裂症。

指导语:以下表格中列出了有些人可能有的症状或问题,请仔细阅读每一条,然后根据该句话与自己的实际情况相符合的程度(最近一个星期或现在),选择一个适当的数字填写在后面的答案框中。

1—从无;2—很轻;3—中等;4—偏重;5—严重

序号	问题	选项
1	头痛	
2	神经过敏,心中不踏实	
3	头脑中有不必要的想法或字句盘旋	

续表

序号	问题	选项
4	头晕或晕倒	
5	对异性的兴趣减退	
6	对旁人责备求全	
7	感到别人能控制你的思想	
8	责怪别人制造麻烦	
9	忘性大	
10	担心自己的衣饰是否整齐及仪态是否端正	
11	容易烦恼和激动	
12	胸痛	
13	害怕空旷的场所或街道	
14	感到自己的精力下降	
15	想结束自己的生命	
16	听到旁人听不到的声音	
17	发抖	
18	感到大多数人都不可信任	
19	胃口不好	
20	容易哭泣	
21	同异性相处时感到害羞不自在	
22	感到受骗、中了圈套或有人想抓住你	
23	无缘无故地突然感到害怕	
24	自己不能控制地大发脾气	
25	怕单独出门	
26	经常责怪自己	
27	腰痛	
28	感到难以完成任务	
29	感到孤独	
30	感到苦闷	
31	过分担忧	
32	对事物不感兴趣	

续表

序号	问题	选项
33	感到害怕	
34	你的感情容易受到伤害	
35	旁人能知道你的私下想法	
36	感到别人不理解你、不同情你	
37	感到人们对你不友好、不喜欢你	
38	做事必须做得很慢以保证做得正确	
39	心跳得很厉害	
40	恶心或胃部不舒服	
41	感到比不上他人	
42	肌肉酸痛	
43	感到有人在监视你、谈论你	
44	难以入睡	
45	做事必须反复检查	
46	难以作出决定	
47	怕乘电车、公共汽车、地铁或火车	
48	呼吸有困难	
49	一阵阵发冷或发热	
50	因为感到害怕而避开某些东西、场合或活动	
51	脑子变空了	
52	身体发麻或刺痛	
53	喉咙有梗塞感	
54	感到前途没有希望	
55	不能集中注意力	
56	感到身体的某一部分软弱无力	
57	感到紧张或容易紧张	
58	感到手或脚发重	
59	想到死亡的事	
60	吃得太多	
61	当别人看着你或谈论你时感到不自在	

续表

序号	问题	选项
62	有一些不属于自己的想法	
63	有想打人或伤害他人的冲动	
64	醒得太早	
65	必须反复洗手、点数	
66	睡得不稳不深	
67	有想摔坏或破坏东西的想法	
68	有一些别人没有的想法	
69	感到对别人神经过敏	
70	在商店或电影院等人多的地方感到不自在	
71	感到任何事情都很困难	
72	一阵阵恐惧或惊恐	
73	感到公共场合吃东西很不舒服	
74	经常与人争论	
75	单独一人时神经很紧张	
76	别人对你的成绩没有作出恰当的评价	
77	即使和别人在一起也感到孤单	
78	感到坐立不安心神不定	
79	感到自己没有什么价值	
80	感到熟悉的东西变得陌生或不像是真的	
81	大叫或摔东西	
82	害怕会在公共场合晕倒	
83	感到别人想占你的便宜	
84	为一些有关性的想法而很苦恼	
85	你认为应该因为自己的过错而受到惩罚	
86	感到要很快把事情做完	
87	感到自己的身体有严重问题	
88	从未感到和其他人很亲近	
89	感到自己有罪	
90	感到自己的脑子有毛病	

如需了解计分方法和测试结果,请扫描以下二维码:

三、焦虑自评量表(SAS)

焦虑是较常见的一种情绪障碍。焦虑自评量表(SAS)能够较好地反映有焦虑倾向的求助者的主观感受。它是咨询门诊中了解焦虑症状的自评工具。

指导语:1.请根据一周来的实际感觉在适当的数字上划上"√",请不要漏评任何一个项目,也不要在相同的一个项目上重复评定;2.量表中有部分反向(即从焦虑反向状态)评分的题,请注意保障在填分、算分、评分时充分理解;3.本表可用于反映测试者焦虑的主观感受,心理咨询门诊及精神科门诊或住院精神病人均可使用,但由于焦虑是神经症的共同症状,故焦虑自评量表在各类神经症鉴别中作用不大;4.关于焦虑症状的临床分级,除参考量表分值外,主要还应根据临床症状,特别是关键症状(关键症状包括与处境不相称的痛苦情绪体验、精神运动性不安、植物神经功能障碍)的程度来划分,量表总分值仅能作为一项参考指标而非绝对标准。

序号	题目	没有或很少时间有(1分)	有时有(2分)	大部分时间有(3分)	绝大部分或全部时间都有(4分)	评分
1	我觉得比平常容易紧张和着急(焦虑)。					
2	我无缘无故地感到害怕(害怕)。					
3	我容易心里烦乱或觉得惊恐(惊恐)。					

续表

序号	题目	没有或很少时间有(1分)	有时有(2分)	大部分时间有(3分)	绝大部分或全部时间都有(4分)	评分
4	我觉得我可能将要发疯(发疯感)。					
5	我觉得一切都很好,也不会发生什么不幸(不幸预感)。					
6	我手脚发抖打颤(手足颤抖)。					
7	我因为头痛、颈痛和背痛而苦恼(躯体疼痛)。					
8	我感觉容易虚弱和疲乏(乏力)。					
9	我觉得心平气和,并且容易安静坐着(静坐不能)。					
10	我觉得心跳很快(心慌)。					
11	我因为一阵阵头晕而苦恼(头昏)。					
12	我有晕倒发作或觉得要晕倒似的(晕厥感)。					

续表

序号	题目	没有或很少时间有（1分）	有时有（2分）	大部分时间有(3分)	绝大部分或全部时间都有(4分)	评分
13	我呼气吸气都感到很容易(呼吸困难)。					
14	我手脚麻木和刺痛(手足刺痛)。					
15	我因为胃痛和消化不良而苦恼(胃痛或消化不良)。					
16	我常常要小便(尿意频数)。					
17	我的手常常是干燥温暖的（多汗）。					
18	我脸红发热(面部潮红)。					
19	我容易入睡并且一夜睡得很好(睡眠障碍)。					
20	我做噩梦。					
总分统计						

如需了解测试结果,请扫描以下二维码:

四、贝克抑郁自评量表

贝克抑郁自评量表是专门评测抑郁程度的。整个量表包括下面21组项目,每组有4句陈述,每句之前标有阿拉伯数字为等级分。可根据一周来的感觉,把最符合自己情况的一句话前面的数字圈出来。全部21组都做完后,将各组的圈定分数相加,便得到总分。依据总分,就能了解被测者是否有抑郁,以及抑郁的程度如何。

(一)

0. 我不感到悲伤。

1. 我感到悲伤。

2. 我始终悲伤,不能自制。

3. 我太悲伤或不愉快,不堪忍受。

(二)

0. 我对将来并不失望。

1. 对未来我感到心灰意冷。

2. 我感到前景黯淡。

3. 我觉得将来毫无希望,无法改善。

(三)

0. 我没有感到失败。

1. 我觉得自己与一般人相比失败要多些。

2. 回首往事,我能看到的是很多次失败。

3. 我觉得我是一个完全失败的人。

(四)

0. 我从各种事件中得到很多满足。

1. 我不能从各种事件中感受到乐趣。

2. 我不能从各种事件中得到真正的满足。

3. 我对一切事情不满意或感到枯燥无味。

(五)

0. 我不感到有罪过。

1. 我在相当的时间里感到有罪过。

2. 我在大部分时间里觉得有罪过。

3. 我在任何时候都觉得有罪过。

（六）

0. 我没有觉得受到惩罚。

1. 我觉得可能会受到惩罚。

2. 我预料将受到惩罚。

3. 我觉得正受到惩罚。

（七）

0. 我对自己并不失望。

1. 我对自己感到失望。

2. 我讨厌自己。

3. 我恨自己。

（八）

0. 我觉得自己并不比其他人更不好。

1. 我要批判自己的弱点和错误。

2. 我在所有的时间里都责备自己的错误。

3. 我责备自己把所有的事情都搞砸了。

（九）

0. 我没有任何想弄死自己的想法。

1. 我有自杀的想法，但我不会去做。

2. 我想自杀。

3. 如果有机会我就自杀。

（十）

0. 我哭泣的情况与往常一样。

1. 我比往常哭得多。

2. 我一直要哭。

3. 我过去能哭，但要哭也哭不出来。

（十一）
0. 和过去相比,我并没有更多生气。
1. 我比往常更容易生气发火。
2. 我觉得所有的时间都容易生气。
3. 过去使我生气的事,目前一点也不能使我生气了。

（十二）
0. 我对其他人没有失去兴趣。
1. 和过去相比,我对别人的兴趣减少了。
2. 我对别人的兴趣大部分失去了。
3. 我对别人的兴趣已全部丧失了。

（十三）
0. 我作出决定没什么困难。
1. 我推迟作出决定的情况比过去多了。
2. 我作出决定比以前困难得多。
3. 我再也不能作出决定了。

（十四）
0. 我的外表看上去并不比过去更差。
1. 我担心自己看上去显得老了,没有吸引力。
2. 我觉得我的外貌有些变化,变得难看了。
3. 我相信我看起来很丑陋。

（十五）
0. 我工作和以前一样好。
1. 要着手做事,我目前需额外花些力气。
2. 无论做什么我必须努力催促自己才行。
3. 我什么工作也不能做了。

（十六）
0. 我睡眠与往常一样好。
1. 我睡眠不如过去好。
2. 我比往常早醒 1~2 小时,难以再睡。
3. 我比往常早醒几个小时,不能再睡。

（十七）

0. 我并不感到比往常更疲乏。

1. 我比过去更容易感到疲乏无力。

2. 几乎不管做什么,我都感到疲乏无力。

3. 我太疲乏无力,不能做任何事情。

（十八）

0. 我的食欲和往常一样。

1. 我的食欲不如过去好。

2. 我目前食欲很差。

3. 我一点也没有食欲了。

（十九）

0. 最近我的体重并未减轻很多。

1. 我的体重下降 2.27 千克以上。

2. 我的体重下降 5.54 千克以上。

3. 我的体重下降 7.81 千克以上。

（二十）

0. 我对自己的健康状况并不比往常更担心。

1. 我担心身体问题,如疼痛、胃不适或便秘。

2. 我很担心身体问题,想别的事情很难。

3. 我对身体问题如此担忧,以致不能想其他任何事情。

（二十一）

0. 我没有发现自己对性的兴趣最近有什么变化。

1. 我对性的兴趣比过去降低了。

2. 我现在对性的兴趣大大下降。

3. 我对性的兴趣已经完全丧失。

如需了解测试结果,请扫描以下二维码: